H. Faure

La Jeunesse Merveilleuse de DON BOSCO

Emmanuel VITTE
Éditeur
LYON -- PARIS

La Jeunesse merveilleuse de Don Bosco

3

AUX CHAMPS « TRAVAIL ET PRIÈRE ».

Abbé H. FAURE
Prêtre salésien

La Jeunesse merveilleuse de Don Bosco

C'est ravissant de fraicheur et de grâce, de douce et communicative sainteté. C'est beau comme une fleur de Paradis.

Mgr Ruch.

Troisième édition

LIBRAIRIE CATHOLIQUE EMMANUEL VITTE

LYON
3, Place Bellecour, 3

PARIS
10, Rue Jean-Bart, 10

1930

Nihil obstat :

J. Siméon.

Imprimatur :
Lyon, le 10 juin 1930,
A. Rouche,
v. g.

DÉCLARATION

Humblement soumis aux décrets des Souverains Pontifes, nous déclarons ne donner à nos récits et à leur interprétation, que la valeur d'un jugement humain, sans vouloir prévenir les décisions de la Sainte Église.

H. F.

ENVOI

Aux Jeunes

La jeunesse merveilleuse de Jean Bosco, c'est le premier chapitre d'une belle vie : récit des gestes héroïques qui remplirent les vingt premières années d'une carrière très féconde. Enfance courageuse et jeunesse conquérante : c'est la préparation à une mission sublime dictée par les volontés d'En-Haut.

Cette enfance ne fut pas encadrée de guipures, ni bercée de chansons ; cette jeunesse ne fut pas élégante et fleurie. Tout s'y passe dans l'humilité et le silence, sous le signe du travail et de la pauvreté. D'ordinaire, les appels de Dieu, les grâces de choix ne suppriment pas l'obstacle ; ils ne dispensent pas de l'effort ; ils le couronnent. Au cours des luttes, âpres et longues, ils assurent la victoire. Belles leçons pour nous !

Ces leçons, nous les offrons à tous ceux que préoccupent les intérêts de la jeunesse. Apôtre dévoué, Don Bosco fut aussi un fin psychologue : il comprit toute l'âme de l'enfant et du jeune homme. Il connut, pour les avoir vécus d'abord, leurs désirs, leurs besoins, leurs devoirs ; il vit leurs tentations et leurs dangers ; il sut révéler leurs ressorts d'énergie et leur valeur morale. A force de charité, il modelait son âme sur l'âme de ses enfants ; simple et bon, il descendait jusqu'à eux pour les élever à lui. Ce maître de jeunesse fut un charmeur, un éveilleur incomparable. Il nous apprend comment on forme le cœur, comment on exalte l'âme, pour faire valoir et décupler en elle les dons de Dieu.

Nous dédions ces pages aux jeunes, à ceux que Don Bosco a tant aimés, car ils furent la splendide part de son héritage ; à tous ceux que les passions d'en-bas sollicitent et que les obstacles effrayent ; à tous ceux que le devoir appelle à monter. Ils y trouveront une réconfortante leçon de choses. Notre jeune héros eut un tempérament de lutteur que rien n'étonne, que rien ne décourage. Son premier effort date de sa première rencontre avec la vie : une foi solide et une rare audace lui valurent d'être victorieux.

Dans la maison de Dieu, les vocations sont multiples. Pour beaucoup, il y a l'appel sublime de la charité et du dévouement. Pour tous, il y a l'appel du devoir. Le devoir est la première et inéluctable vocation.

Dans ce livre, le jeune Jean Bosco vous apprendra à y répondre.

H. F.

Les trois Apôtres de Turin

En ce temps-là, vers la fin de l'année 1841, dans la pieuse capitale du Piémont, trois hommes de Dieu, trois ouvriers du bien, travaillaient au champ des âmes. Ils poursuivaient des missions diverses, mais leur cœur battait au même rythme, et dans les larges sentiers de l'apostolat ils se rencontraient pour se concerter.

Leur nom est célèbre dans l'Église et dans le monde de la Charité.

C'est Cottolengo, le bon chanoine, père des infirmes, fondateur de la Petite Maison de la divine Providence. Dans sa maison du miracle quotidien, il abrite déjà 1.500 malades — ils sont 8.000 aujourd'hui — il accueille toutes les misères, il soulage toutes les peines.

C'est Don Cafasso, le pieux théologien et savant professeur de morale, le prêtre au cœur très doux, ministre des prisons et de la potence ; il console les malheureux condamnés, il leur ouvre en dernière heure, au pied du gibet, la bonne porte de l'au-delà.

C'est Don Bosco, nouveau venu et déjà leur digne émule ; son partage c'est la jeunesse : il sera l'ami des enfants, le père des orphelins. Le jeune prêtre cherche encore sa voie ; ses deux aînés vont l'appuyer de leurs conseils, car ils l'ont reconnu de bonne race, et ils ont lu dans son avenir de grandes choses.

Le Bienheureux Cottolengo est au bout de sa carrière, une carrière trop courte mais riche de bénédictions. Aux dilatations de la charité, il s'est fait un cœur très bon et un sourire très large. Au milieu de son monde douloureux, il prodigue les notes sonores de sa gaieté inlassable et de sa verve piémontaise. Il se traite de radoteur et de visionnaire, mais il a des vues profondes et sûres, et personne ne s'y méprend. Arrêtant un jour Don Bosco, il l'invite avec sa bonhomie familière et son mot favori :

— « Vous avez une mine de galant homme, venez travailler à la *Piccola Casa ;* l'ouvrage ne vous manquera pas. »

Une autre fois, il le tire par la manche :

— « Mon ami, vous avez là une soutane trop mince et trop légère. »

Le jeune prêtre s'étonne ; il ne comprend pas. Et le bon chanoine ajoute en martelant ses phrases chantantes :

— « Oui, croyez-moi, cherchez un drap plus résistant pour que les enfants puissent s'y accrocher sans crainte. *Un jour, les enfants viendront en foule se pendre à votre soutane ; il faudra qu'elle soit solide.* »

Belle promesse, gracieuse prophétie, bien réalisée.

Le Bienheureux Cafasso est directeur de conscience de Don Bosco. Il l'a soutenu contre tout, contre tous, contre lui-même aux heures obscures des crises intérieures. Il continuera jusqu'au bout ; il sera son premier et insigne Coopérateur.

Mais autour de lui on s'inquiète au nom de la prudence humaine. Les vastes plans, les projets grandioses du jeune prêtre sont déconcertants. Il annonce « de grands bâtiments, de beaux ateliers, des cours spacieuses, une belle musique » pour ses nombreux enfants encore imaginaires. N'est-ce pas un fou mégalomane, un rêveur dangereux? Qu'on l'enferme par précaution ; il risque de compromettre avec lui l'honneur du clergé.

Don Cafasso, oracle de Turin, rassure son monde : « *Laissez faire Don Bosco !* »

Et le Voyant au regard profond ajoute cet éloge :

— « Don Bosco est une énigme. Plus je l'étudie, moins je le comprends. Il est simple et extraordinaire, humble et grand tout à la fois. Il n'a pas le sou et il poursuit des projets immenses. On le prendrait pour un homme dangereux. Mais laissez-le faire. La pensée de Dieu le guide, l'amour de Dieu l'inspire. Encore une fois laissez-le faire ! »

Le Bienheureux apporte aussi, avec les grâces du sacerdoce, de prodigieux secrets. Il les a reçus dans un beau songe à neuf ans ; puis ils se sont précisés en d'autres visions successives.

Une auguste Madone lui a montré sa mission, le salut de la jeunesse ; elle lui a indiqué sa méthode, la bonté et la douceur ; elle lui a fixé son premier champ d'action, une grande ville, Turin sans doute ; elle lui a tracé aussi son travail de préparation : « *Sois humble, sois fort et robuste.* »

Voilà tout le programme de sa vocation merveilleuse ; voilà le sujet de notre modeste ouvrage. Grandes et belles choses, riches d'enchantement et d'édification. Vous diriez de naïves et lointaines légendes ; c'est de l'histoire récente et contrôlée ; les témoins vivent encore, et les procès de l'Église l'ont confirmée.

La jeunesse de Don Bosco a été une fidèle réponse à la Madone.

— « *Si un jour je suis prêtre*, disait-il au lendemain de sa vision pieuse, *je veux consacrer ma vie aux enfants. Je les aimerai et je me ferai aimer d'eux. Je leur donnerai de bons conseils ; je me dépenserai tout entier au bien de leur âme.* »

Toute sa vie est là. Merveilleuse et puissante unité qui explique l'énigme de Don Cafasso, qui réalise les promesses de Cottolengo.

Jean est entré de bonne heure dans sa vocation ; nous verrons par quelles voies héroïques il arriva jusqu'au bout.

CHAPITRE PREMIER

Le cadre

LES BECCHI, 1815. — *La Maison natale.*

C'est un joli coin du pays d'Asti, à trente kilomètres à l'est de Turin. Sur un mamelon de verdure, une dizaine de toits semés au hasard derrière les haies de noisetiers ou d'acacias, annoncent de loin *le hameau des Becchi.* Le nom est entré dans l'histoire ; on y vient de toutes parts au souvenir de Jean Bosco que Dieu fit naître là, un beau soir d'été, il y a plus d'un siècle.

La maison natale n'est pas un palais.

Une émotion intense vous étreint à la vue de cette chaumine basse et pauvre. On entre avec respect : la cuisine est étroite et n'a pas dix pieds carrés ; entre la cheminée et la table de famille l'espace manque ; dans le mur une ouverture sans fenêtre laisse entrer la lumière et le mauvais temps.

Au-dessus est-ce l'étage ? est-ce un galetas ? On y accède à l'extérieur par une dizaine de marches en bois. On pénètre dans les deux chambrettes, celle de parents d'abord, puis à droite, par une porte au fond, celle des enfants. Pauvreté et dénuement sublimes ! Au spectacle de tant de misère, début de tant de grandeur, un prince de l'Église s'écriait, les larmes

MAISON NATALE DE DON BOSCO.

aux yeux : « Le bon Dieu n'a pas besoin de superbes palais pour abriter ses saints. »

La terre des Becchi est une terre sainte, un précieux héritage. Les fils ont conservé jalousement la relique familiale. On a dû consolider la pauvre charpente, remplacer le vieux chaume noirci ; mais on a respecté l'œuvre séculaire en lui gardant son grand air d'édifiante simplicité. Une plaque de marbre le rappelle au pèlerin attendri : « Dans cette humble maison, pieusement restaurée, naquit Jean Bosco, le 16 août 1815. »

Autour de cette pauvreté, Dieu a semé de merveilleuses choses. Le paysage est enchanteur et le panorama grandiose. Du ciel clair tombe une lumière limpide. Un soleil magnifique verse sa richesse et sa joie sur les prés, les champs, les vignes opulentes. Sous le labeur tenace du robuste piémontais, le sol est fécond ; ses ondulations se prolongent à perte de vue ; au midi, en contours gracieux chargés de lumière et de vie ; vers le nord, en arêtes successives d'un vert plus sombre jusqu'aux premiers contreforts des Alpes. Sur tous les points de l'horizon vingt villages chantent leur vie heureuse sous la bénédiction de Dieu, vingt clochers sonores portent au ciel la prière d'un peuple simple et bon.

De notre hauteur, citons en passant quelques noms qui nous intéressent. Derrière nous, à une petite heure sur la droite, dans une déclivité pittoresque et tourmentée, *Capriglio*, village de Maman Marguerite ; en face, parmi les vignes, *Murialdo* et sa chère chapelle ; plus au nord, *Mondonio*, où se détache dans la verdure la blanche statue de Dominique Savio, le petit saint qui, de là, partit pour le ciel à quinze ans ; puis *Châteauneuf* à une petite lieue, où Jean reçut le baptême et fit sa première communion. A l'ouest, *Buttigliera*, où il fut confirmé ; plus loin, à mi-chemin vers Turin, *Chieri*, la ville pieuse, un peu endormie au chant monotone de ses métiers, où il fit ses études, et son séminaire avec l'angélique Louis Comollo.

Un rideau sombre ferme tout à coup le premier horizon ; ce sont les hauteurs boisées du Montferrat. Elles font de ce côté une opulente ceinture à la capitale ; sur leurs sommets le dôme imposant de *Superga* abrite le sommeil silencieux des rois du Piémont.

Puis le cadre s'élargit. Il a comme arrière-plan la ligne lointaine des Alpes majestueuses qui barrent le ciel à l'ouest et au nord, découpant leurs dentelles de neige dans l'azur du matin, ou étalant leurs festons luxueux tout frangés d'or au soleil couchant.

Devant ces spectacles grandioses, vont se développer l'enfance et la jeunesse de notre héros ; dans ce panorama lumineux et chaud, il se fera un grand cœur et une belle âme ; son cœur dilaté, son âme épanouie garderont de ces visions de beauté une impression durable.

Un professeur sceptique et de mauvaise humeur demandait un jour : « Que peut-il sortir de bon des Becchi ? » Il en est sorti un génie, un héros, un saint. Aujourd'hui, son nom est béni dans tout l'univers, associé aux plus beaux de l'histoire.

Don Bosco fut un apôtre pieux et doux comme saint François de Sales ; il fut un conquérant comme saint Ignace. Dans la largeur de son zèle, dans la profondeur de son dévouement et de sa charité, on lui a trouvé les traits immortels de notre grand saint Vincent de Paul.

Aux champs « travail et étude ».

15

Maman Marguerite, mère de Don Bosco.

La Mère, Maman Marguerite.

La mère de Don Bosco mérite une place d'honneur dans notre histoire.

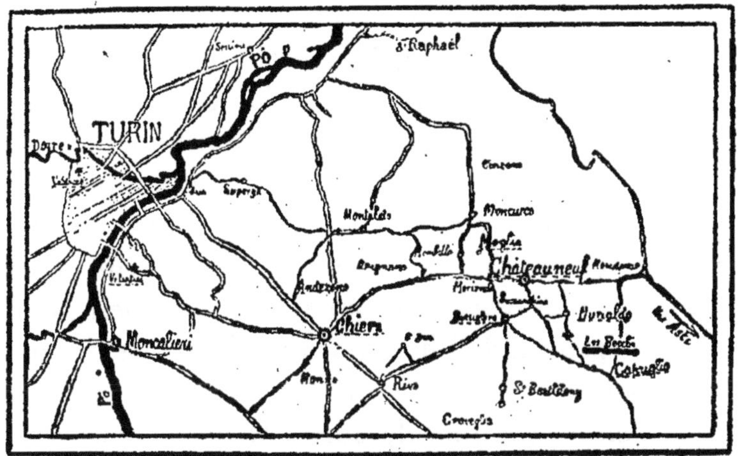

Des Becchi a Turin.

La vocation de l'enfant commence sur les genoux maternels. Rôle admirable et véritable sacerdoce : avec les premiers pas, avec les premiers mots bégayés, la mère dirige vers Dieu le cœur fragile qui s'ouvre à la vie.

Elle s'appela d'abord Marguerite Ochiena, née à Capriglio d'Asti, le 1er avril 1788, dans un cadre de riantes collines. Elle fut baptisée le même jour.

Pour former son âme, les impressions d'enfance furent plutôt dures. C'était l'époque troublée des invasions, des guerres et des révolutions. Jusque dans les paisibles campagnes, le tocsin venait porter l'épouvante, et sonner des heures douloureuses : Turin aux mains de l'ennemi et le roi en exil, le soulèvement des paysans fidèles, puis les répressions sanglantes. Les villes prochaines d'Asti et de Chieri virent des exécutions capitales. Puis ce furent les lourds tributs, les impôts extraordinaires, les réquisitions et les emprunts forcés, toutes les tristes conséquences de la guerre et de la conquête.

Un jour de septembre 1799, les troupes autrichiennes firent étape à Capriglio, non sans dommage pour les pacifiques habitants. Marguerite gardait sur l'aire le maïs doré qui séchait au soleil pour la bonne *polenta* de l'hiver. Tout à coup une troupe de chevaux vient s'abattre sur cet excellent fourrage. La petite paysanne de onze ans apostrophe crânement en son patois les soldats insouciants ; ils rient de ses efforts. S'armant alors d'une fourche elle met en déroute l'escadron ennemi. Et, maîtresse du champ de bataille, elle s'amuse à son tour à voir les cavaliers très affairés à la poursuite de leurs montures en débandade.

Marguerite est vaillante à la tâche ; aux leçons de sa pieuse mère, elle sait accorder le travail et la prière. La modeste église paroissiale l'attire : c'est le refuge des âmes prédestinées, plus près du bon Dieu, dans l'audition de la parole sainte et la fréquentation des sacrements. Quand ses compagnes viennent la convier à leurs fêtes, elle a, pour refuser, un sourire et une bonne excuse. C'est bientôt une jeune fille accomplie. Le 6 juin 1812, elle épousait François Bosco, et entrait aux Becchi.

La dot était modeste ; mais le trousseau de bonne toile était l'ouvrage de ses mains ; et elle apportait les richesses de ses vertus.

Marguerite Bosco entre aujourd'hui dans sa voie. Avec ses charges, ses responsabilités et ses sacrifices, avec ses grandeurs, ses joies et sa couronne, le rôle de mère de famille, de mère chrétienne est aussi une belle et sainte vocation.

Le Père, François Bosco.

Jean ne connut pas son père : il fut orphelin à deux ans.

François Bosco était un robuste piémontais, tenace à l'ouvrage, dur à la fatigue, tendre au foyer. Il était chef d'une petite propriété aux Becchi ; son toit était modeste et ses champs bien tenus ; à force de bras, il joignait les deux bouts honnêtement. Il faisait même valoir quelques lopins d'une ferme voisine pour mieux nourrir la maisonnée et augmenter ses profits.

Il avait d'abord fondé un premier foyer, mais la mort était venue briser ses rêves de bonheur, en prenant celle qui ne se remplace pas dans la maison en deuil, la mère de famille. Et ce fut un grand embarras ! Avec les labeurs pressants du jour, il fallait veiller sur la mère déjà vieillissante, et sur un jeune enfant de neuf ans, Antoine. Après quinze mois de deuil pénible, François résolut de chercher une nouvelle compagne de sa vie ; et il vint au bourg de Capriglio demander la main de Marguerite Ochiena.

Le ciel bénit cette union ; le 8 avril 1813, le foyer est en joie à la naissance d'un premier enfant, Joseph. Deux ans après, le soir du 16 août 1815, c'est l'heureuse arrivée de Jean, notre héros. Grande et belle journée ! Les cloches de l'Assomption en chantant le triomphe de Marie ont dû saluer la venue de son très aimé Serviteur. Dans sa communion, Marguerite a dû parler à Dieu de l'enfant qu'elle portait dans son sein ; elle a dû le consacrer à la sainte Vierge.

Jean-Melchior fut baptisé le lendemain dans l'église de Châteauneuf. Le second nom lui fut donné par un oncle maternel, son parrain.

Dans la paisible chaumière on était heureux. A l'intérieur, Marguerite aimait la piété, le silence et le travail ; les trois enfants étaient le charme et la bénédiction du foyer.

Mais une seconde fois, Dieu visita la paisible demeure, et le malheur était irréparable. En pleine fleur de santé, en pleine force d'âge — il n'avait pas trente-quatre ans — au milieu des plus beaux projets d'heureux père de famille, François Bosco tomba un jour foudroyé par la maladie.

Quand il vit sa dernière heure approcher, il appela près de lui sa femme désolée : « Vois, lui dit-il, quelle grâce dernière Dieu me fait. Je vais mourir un vendredi, comme notre divin Sauveur. J'ai son âge ; et voici l'heure où il expira pour nous sur la croix. » Il la priait ensuite de ne pas se laisser abattre dans l'épreuve, mais de s'appuyer avec foi sur la volonté de Dieu. Puis il ajoutait comme dans un testament suprême :

— Je te confie ma mère et tous mes enfants. Je te recommande en particulier notre petit Jean.

En cette triste soirée du 11 mai 1817, Marguerite restait seule au foyer terriblement vide ; le petit Jean était orphelin.

« Je n'avais pas encore deux ans quand mon père mourut, écrit-il dans ses Mémoires, et je ne me rappelle plus ses traits. Je ne sais ce que l'on fit de moi. Un seul souvenir m'est resté, et c'est la première impression de ma vie, une parole de ma mère en pleurs : — « Mon enfant, tu n'as plus de père ! »

« Tout le monde sortait de la petite chambre mortuaire. A l'appel réitéré de ma mère je répondais : « Moi, je veux rester avec le papa. » Mais, elle dans un sanglot : « Mon petit Jean, viens avec moi, désormais « tu n'as plus de père ! » Sans comprendre, je pleurais en la voyant pleurer ; mais la lugubre parole m'est toujours restée, comme un écho lointain : « Mon enfant, tu n'as plus de père ! »

Le futur apôtre de la jeunesse, le père de tant de petits enfants et de tant d'orphelins commençait auprès du cercueil de son père le dur apprentissage de la vie.

CHAPITRE II

L'Education maternelle

Pédagogie de l'amour.

Au foyer en deuil l'avenir est sombre. La main du chef va manquer pour diriger les affaires, les bras solides pour fournir le pain de chaque jour. Autour de la table de famille on reste sept, car les serviteurs n'ont pas été congédiés.

Marguerite prit vaillamment le gouvernail.

Une visite peu banale lui fut faite un jour. On venait lui proposer un second mariage. C'était un parti avantageux qui aurait sans doute assuré l'avenir de toute la famille. Elle refusa. Depuis la mort de François, fidèle au cher défunt, elle a reporté toute son affection sur ses enfants. Leur éducation, leur formation sera désormais le but de son dévouement, la grande pensée de sa vie. Elle y apportera toute la sagesse de son âme, toute la tendresse de son cœur.

Antoine, plus âgé, se montre orgueilleux et fermé ; caractère égoïste et insubordonné, il n'accepte pas de contrôle, il résiste ; il lui faudrait la direction ferme du père. Il échappe à toute affection et à toute influence ; on dirait qu'il n'est pas de la famille. Les leçons patientes de la mère ne porteront leur fruit que plus tard. Joseph, timide et bon, restera toute sa vie le sage enfant de la maison. Chez Jean il y a du ressort, des dons à faire valoir. Sa nature est chaude, son esprit vif, son caractère ardent : tout cela va demander une surveillance attentive et une direction suivie.

Le cœur de Jean sera un chef-d'œuvre de la grâce de Dieu et de Maman Marguerite.

Marguerite s'appliqua à diriger vers Dieu les riches qualités de son enfant prédestiné.

Il aura l'intelligence ouverte et la pensée prompte, avec une tendance à l'amour-propre : il aura une volonté personnelle et forte dont la violence pourrait briser l'équilibre et la paix intérieure. Doucement elle l'incline à une humilité et à une soumission pieuse. Plus tard, quand se dessineront les plans d'avenir, les projets d'études, elle saura sans enthousiasme et sans impatience attendre l'heure de Dieu.

Dans le cœur de Jean la sensibilité déborde. C'est un danger ; le sentiment est un point d'appui trop fragile. Marguerite n'abaissa jamais la majesté maternelle en de vaines caresses et gâteries. Point d'indulgence pour les défauts naissants, ferme et délicate à la fois, avec son sens profond de mère, elle agit sans secousses ; elle corrige sans ces manières brusques et violentes, signes de faiblesse, qui révoltent l'enfant, le ferment, et l'écartent en refroidissant son affection.

Un autre côté du caractère de Jean, non moins fécond, c'est le goût de l'action et le sens pratique, qui ne s'embarrasse de rien, qui saisit promptement le moyen, qui va droit au but sans hésiter. Il tient cette qualité de sa mère ; ce sera la note de sa vie. Il a la décision et le commandement. On le verra bien en famille : avec Joseph il est chef ; avec Antoine il se fait diplomate, et il réussit. Pour le petit enfant ce pourrait être un écueil ; mais la maman veille. S'il est appelé un jour à commander, il faut qu'il apprenne d'abord à se vaincre et à obéir. Elle n'hésite pas à réprimer les petits caprices, même avant l'usage de la raison.

Arrêtons-nous à contempler cette mère chrétienne dans son beau rôle d'éducatrice. Précieux modèle pour nos familles. De nos jours la pauvre jeunesse se montre libre, indisciplinée, dissolue ; au foyer, la mère ne peut plus, ou ne sait plus enseigner à ses enfants la bienfaisante morale du catéchisme. Ces leçons-là, rien ne les remplace.

Le bon Dieu dans la maison.

Aux Becchi on était pauvre, mais heureux. La pensée de Dieu animait tout, transformait tout.

De bonne heure les enfants surent leurs prières et les quelques pages du catéchisme. Jean, le plus petit, se montre le plus fervent ; quand l'heure vient, c'est lui qui rappelle la prière en famille.

La mère, puisait dans la pensée de Dieu le secret de son action sur les âmes. Pour le noble et grand travail de l'éducation de ses enfants, elle recourait constamment à Dieu, et le nom béni du Seigneur était le point d'appui de ses sages leçons.

« Dieu te voit. » C'était le mot d'ordre de Marguerite. C'était aussi le secret surnaturel de l'innocence au foyer, car les enfants vivaient ainsi doucement sous le regard de Dieu. — S'ils allaient jouer dans le pré voisin, elle les congédiait par ces paroles : « Souvenez-vous que Dieu vous voit. » — Si l'un d'eux se montrait triste ou rêveur, elle lui murmurait simplement à l'oreille : « Rappelle-toi que Dieu connaît tes pensées les plus secrètes, qu'il voit le fond de ton cœur. » — Si devant une question franche l'enfant paraissait vouloir fuir l'aveu pénible par un léger mensonge, elle savait le prévenir par un regard profond et une grave parole : « Prends garde, car Dieu sait tout. »

Au grand livre de la Nature toujours ouvert, toujours précieux aux âmes simples et bonnes, Marguerite savait lire des pages édifiantes. Aux grands soirs d'été, montrant le ciel profond et pur, tout palpitant d'étoiles, elle s'écriait : « C'est le bon Dieu qui a créé le monde ; c'est lui qui a fixé là-haut toutes ces étoiles. Si le firmament est si beau, que sera le Paradis ? » — Les prés fleuris, les champs resplendissants de moissons dorées, un lever d'aurore, un radieux coucher de soleil sur les Alpes, tout était pour Marguerite un motif d'aimer et de louer le Seigneur. — Dans sa riche campagne piémontaise, elle invite ses enfants au cantique d'actions de grâces : « Que de belles choses le Seigneur a faites pour nous ! Qu'il est aimable de nous donner ainsi le pain quotidien ! Remercions-le de tout notre cœur. »

Plus que tous, Jean profitait de ces leçons. Son âme s'ouvrait naïve et charmée aux souffles de la grâce, aux suaves impressions de la piété. A l'église, il avait une tenue angélique, répétant ses prières, suivant du regard le prêtre à l'autel, écoutant la parole sainte. Sa vivacité d'esprit lui permettait de comprendre et de retenir. Une des premières joies de son enfance fut de redire à la maison et devant ses petits camarades les sermons de Monsieur le Curé.

C'est aussi sur les genoux de sa mère qu'il dut préparer sa première confession.

Scènes patriarcales ; elles nous semblent d'un autre âge. Cette douce théologie des familles se perd, hélas ! Ses feuillets étaient si consolants !

Seigneur, donnez-nous des mères chrétiennes qui nous feront des foyers heureux.

Une femme forte.

Ce que Maman Marguerite prêchait si bien, elle le pratiquait mieux encore. Dans la maison bien tenue l'ordre régnait, et la crainte de Dieu, et la piété ; c'était une véritable école de vertu.

En conduisant de maîtresse façon toutes ses affaires, elle n'oubliait pas le devoir chrétien au dehors, le bon exemple et l'apostolat.

Elle utilisait son influence pour le bien des âmes, et partout elle rencontrait un affectueux respect.

Il lui arriva de rencontrer un jour sur la route une pauvre enfant délaissée, couverte de haillons, sentant la misère physique, proie trop facile de la misère morale; elle l'aborde avec un reproche maternel :

— « Pense, mon enfant, que ta tenue offense le bon Dieu.

— « Que voulez-vous, ma bonne dame, répond la pauvrette, je suis malheureuse, et je n'ai personne pour s'occuper de moi.

— « Viens avec moi, » lui dit Marguerite.

La pauvre maison des Becchi était toujours assez

riche pour faire du bien. Les chiffons furent tout de suite retouchés, mis en état; on y ajouta le nécessaire, et la mendiante s'en alla le cœur un peu réchauffé et raffermi par la bonté d'âme et les pieux conseils de la généreuse chrétienne.

Un trait nous fera toucher du doigt et le courage de sa foi, et l'autorité morale qu'elle exerçait autour d'elle.

Dans les environs, une malheureuse personne du nom de Marthe accueillait chez elle un étranger de moralité suspecte ; parmi ces pieuses et pacifiques populations, c'était un gros scandale. Après d'inutiles remontrances, Marguerite résolut de le faire cesser. Un soir, elle vient frapper à la porte ; au bout d'un moment la coupable apparaît, montrant dans l'entrebâillement une figure méfiante :

— « Quoi, c'est vous, Marguerite ?

— « C'est moi ; et je voudrais vous parler. Approchez, je vous prie, que personne ne nous entende, car la chose est grave... — Écoutez, ma pauvre Marthe, vous êtes d'une famille honnête et chrétienne ; vous portez au front la marque du baptême, vous fréquentez l'église, vous faites vos Pâques... Et malgré tout cela... »

La malheureuse avait compris. Ces paroles tombaient sur son âme, fortes comme un reproche du ciel, amères comme un remords de conscience. Elle essaya de balbutier une excuse ; mais Marguerite élevant la voix :

— « Et vous voulez que, malgré mon amitié pour vous, je vous condamne à l'enfer !

Le coup était dur ! Marthe baissait le front et s'excusait encore :

— « Vous savez combien ma position est malheureuse. Je ne sais comment faire ; mon devoir est bien pénible !

— « Votre devoir est de ne pas aller en enfer ! Vous ne savez que faire ? Eh bien, je le sais moi, et, je vais vous le dire. »

S'avançant sur le seuil de la porte, Marguerite élève la voix pour être entendue de l'intérieur, et sur un ton d'énergique autorité, elle s'écrie : « Sortez d'ici, suppôt du démon ! sortez d'ici ! »

Quelques voisins survenus joignaient leurs murmures approbateurs à ces injonctions sévères. La victoire était gagnée. L'étranger décampa sur-le-champ par la première porte, et ne reparut plus.

Glorifier la mère, c'est aussi glorifier le fils. Ils ont tous les deux un riche patrimoine spirituel ; ils le partagent devant Dieu et devant les hommes.

Petits défauts, premières victoires.

Les trois fils de François Bosco diffèrent d'allure. Antoine est un gros garçon insubordonné ; il a douze ans de plus ; il est l'aîné, le chef : il prend de l'autorité, et il en use. Pour le malheur de tous, et pour le sien, il a mauvais caractère. Joseph et Jean restent ensemble, mêlant leur travail, leurs jeux, leur vie dans un parfait accord. Les deux frères s'aiment à ravir, mais c'est Jean le plus jeune qui commande ; il est ardent et impétueux ; Joseph, plus doux, le suit fidèlement. La mère veille ; bonté n'est pas faiblesse, et les enfants savent qu'au besoin la punition suivra la faute.

Dirons-nous qu'aux Becchi tout était parfait ? Marguerite n'eut jamais recours aux châtiments corporels ; elle avait mille autres secrets pour corriger et se faire obéir.

Un jour d'été, après une partie très chaude, nos deux espiègles rentrent à la maison dévorés de soif. La maman va prendre de l'eau et en donne d'abord à Joseph. Notre petit Jean, quatre ans à peine, jaloux de la préférence, se retire boudeur et refuse de boire à son tour. Marguerite ne dit rien et retourne à sa besogne sans s'occuper de lui. L'enfant demeure un moment pensif, puis d'une voix timide : « Maman, donnez-moi à boire, s'il vous plaît. — Je croyais que tu n'avais plus soif ! — Maman, pardonnez-moi ! » La leçon a été comprise et portera ses fruits.

Une autre fois ce fut plus grave. Il y eut des larmes, peut-être même des coups entre les deux enfants : et ce n'était pas Jean qui les avait reçus. Sa petite colère et son humeur naissante demandent à être relevées. La maman l'appelle : « Tu vois la baguette derrière la porte ; apporte-la moi. » L'enfant a compris : il hésite un moment, puis il s'exécute : « Oh ! maman, vous voulez l'essayer sur mon dos ? — Pourquoi pas, si tu fais encore des sottises? — Pardon, je serai sage. » Tout se termine par le pardon et l'oubli ; et l'enfant répond par un sourire épanoui au bon sourire de sa mère.

Encore un petit fait de cette charmante époque.

Un jour, en l'absence de sa mère, il vient à Jean la fantaisie de prendre quelque objet sur l'étagère. Trop petit pour l'atteindre, il approche une chaise, mais, dans un mouvement maladroit, il heurte la bouteille d'huile qui tombe et se brise. Tout confus, l'enfant essaie à coups de balai de faire disparaître les traces, mais la tache s'élargit et le mal s'aggrave ! Que faire? — Il a une idée ingénieuse : Ne vaut-il pas mieux prévenir le mal? Aviser sa mère à l'avance, n'est-ce pas lui diminuer la peine?

Est-ce bonté de cœur, ou malice? — A huit ans on n'est pas encore un héros ; on peut déjà comprendre son petit intérêt. A la haie voisine il va tailler une longue baguette, la lisse de son mieux, et l'orne même à sa façon de fleurs diverses en découpant l'écorce par endroits. Puis il attend résolument l'orage.

Quand sa mère paraît, il court à sa rencontre, un peu embarrassé. « Bonjour, maman ! — Bonjour, mon petit Jean, as-tu été sage? » Les mamans ont des regards profonds qui devinent trop vite. « Oh ! maman, voyez ! » Et il lui montre la baguette. « Aurais-tu fait quelque sottise? — Cette fois j'ai mérité une grosse punition. » Et il raconte la chose longuement : « Voici la baguette, ajoute-t-il, j'ai voulu vous épargner la peine d'aller la prendre vous-même. » En même temps il présente le joli bâton festonné en regardant sa mère d'un œil malicieux et câlin.

Tous ces faits menus et naïfs débordent le cadre. Les premières victoires de l'enfant de huit ans annoncent dans sa vie de grandes choses. A nos yeux, la baguette de Marguerite est l'image de la discipline salésienne si maternelle : les punitions sont adoucies par l'amour, supprimées par le dévouement.

Chez Don Bosco, la discipline aura pour charmant symbole la baguette fleurie des Becchi.

Premier apostolat.

Dans l'atmosphère favorable des Becchi, sous l'influence de sa sainte mère, la vocation de Jean se révéla de bonne heure.

Son premier apostolat fut celui de la charité.

La maison était hospitalière, et, malgré sa pauvreté, accueillante à toutes les misères. Une sensibilité exquise et généreuse chez Marguerite la faisait regarder comme la mère de tous les nécessiteux. Les pauvres venaient avec confiance : elle donnait, elle prêtait à fonds perdu, comme si elle eût été la plus riche. Elle visitait les malades, leur prodiguait les soins les plus délicats, et souvent leur apportait ce qu'elle avait de meilleur. Jean l'aidait avec joie dans ces doux offices de charité ; il avait même son rôle particulier : pendant que sa mère se dévouait auprès des malades, lui, devant une image pieuse, avec un charme sans pareil, il faisait prier les petits enfants.

Mais son zèle a bientôt trouvé un autre champ d'action : Jean se fait apôtre parmi ses camarades.

Il a déjà l'allure d'un chef. Sa voix domine, son avis triomphe ; on se range de son côté. Au jeu, c'est son parti qui gagne ; il est ardent et habile organisateur. Il prend de l'autorité sur tous, et il en profite pour faire du bien. De temps à autre il y a bien quelque misère, une maladresse, une égratignure ; mais dans la chaleur de la lutte, au prix d'une victoire on oublie tout.

Quand la chose est plus grave, Marguerite intervient : « Encore un mauvais coup ! Pourquoi vas-tu avec ces méchants camarades ? Il faut les éviter, et rester près de moi. » Mais Jean gagne sa cause : « Quand je suis avec eux, ils sont tranquilles et sages ; ils font ce que je veux ; ils évitent les disputes et les mauvaises paroles. »

Quel âge peut avoir ce prodigieux enfant ? La

vocation n'a pas d'âge. Aux beaux jours la fleur s'ouvre et l'oiseau chante ; et personne ne sait l'heure du premier chant, ou du premier parfum. Nous avons cependant le témoignage de Don Bosco lui-même ; il écrira plus tard : « *J'avais cinq ans à peine, et déjà je cherchais à grouper autour de moi mes petits camarades pour leur faire le catéchisme. C'était mon plus grand plaisir, et tel me semblait devoir être le but de toute ma vie.* »

CHAPITRE III

L'Enfant prédestiné

Le petit pâtre.

La route de Châteauneuf à Murialdo serpente dans une vallée joyeuse, parmi les prés verts et les vignes blondes. Sous un soleil éclatant, la campagne féconde épanouit partout sa vie heureuse. Le paysan simple et confiant travaille sans fièvre ; la terre est bonne, le ciel est clément ; c'est un paysage béni de Dieu. A un détour, voici le coteau des Becchi, quelques maisons basses et timides ; celle de Marguerite plus discrète semble vouloir garder pour elle son doux mystère.

Dans ce cadre choisi, nous allons voir une étonnante vocation naître et se préciser, puis se développer sous le regard du Seigneur ; source silencieuse qui cherche sa pente, et sème sa fécondité au caprice des obstacles bientôt franchis. Premiers travaux et premières études, premiers désirs de vertu plus haute et d'apostolat, puis tout à coup irrésistible appel de la Madone et première vision du Songe prophétique, c'est tout le mystère des enfances de Jean Bosco.

Les débuts furent très humbles. Dès qu'il fut un peu plus grand, Jean eut pour première occupation le soin du bétail au pâturage dans le pré au-dessous de la maison. De bonne heure, Marguerite faisait aimer le travail; l'enfant y mit tout son cœur. Un ami, Jean Filipello, l'accompagnait; il nous a laissé de charmants souvenirs : « Le petit Jean Bosco faisait notre admiration. Il était ravissant dans son maintien doux et modeste, la tête légèrement inclinée, avec cela toujours épanoui et rieur. Tout de suite on l'aimait: « Toi, Jean, lui disais-je parfois, tu feras ton chemin. — « Je l'espère, répondait-il avec simplicité. »

Un autre compagnon de son âge, le petit Matta, gardait comme domestique le bétail d'une ferme voisine. Il a raconté une touchante anecdote. Il n'avait, lui, pour déjeuner, qu'un morceau de pain noir ; le déjeuner de Jean était de bon pain blanc que Marguerite ne laissait jamais manquer à ses enfants.

— « Veux-tu me faire un plaisir? dit un jour Jean à son ami. Faisons l'échange de notre pain. Le tien est meilleur ; il me plaît davantage. »

Matta ne se fit pas prier ; il avait l'eau à la bouche. Pendant deux printemps successifs, les deux petits bergers échangèrent ainsi leur déjeuner. Dans sa naïveté, Matta crut d'abord que Jean avait des préférences. Mais il comprit plus tard : c'était vraiment charité et mortification, car le morceau de pain noir n'avait rien d'une gourmandise.

La paix des champs, la tranquillité de la belle

campagne allait bien à l'âme simple et bonne du petit Bosco. Il y développa le sérieux du caractère et l'amour de la prière. Au son de la cloche on le voyait pieusement ôter son chapeau et se mettre à genoux pour l'*Ave Maria*. Au témoignage de ses amis, il charmait ses heures de solitude par le chant des cantiques que lui avait appris sa mère ; sa voix gracieuse aimait à redire les gloires de Marie. C'est déjà la dévotion bénie de son enfance. Souvent on le vit absorbé dans la prière, le regard au ciel ; il parlait avec la Madone pour lui offrir son cœur, sa vie, pour recevoir ses volontés et ses premières leçons.

Cette piété naïve se fit bientôt conquérante. Quand ils le voyaient interrompre sa prière, ses amis accouraient. Avec une charmante simplicité, Jean leur racontait une histoire ; il leur répétait la leçon de catéchisme de sa mère. Parfois, en fin de journée, il les conduisait chez lui. Devant un petit autel où présidait l'image de Marie, on faisait le signe de la croix, on récitait des prières, on chantait des cantiques. Tous étaient ravis.

Sous le regard attendri de Maman Marguerite, notre petit berger commençait son doux rôle de pasteur d'âmes, de gardien de petits enfants.

CAPRIGLIO, 1823. — *Le petit écolier.*

Marguerite comprit bien vite que la Providence ne destinait pas Jean aux travaux de la campagne. Il n'y avait pas d'école à Murialdo. L'envoyer à Châteauneuf? C'était un peu loin, et il fallait prévoir quelques dépenses.

Antoine avait vingt ans ; il était un peu chef de famille. On lui demanda conseil ; le refus fut catégorique : « Qu'il prenne la pioche comme les autres ! » Il se vantait de n'avoir jamais, lui, perdu son temps sur les bancs de l'école. Marguerite n'insista pas. Il fallait avant tout garder la paix au foyer.

Pendant l'hiver de 1823, un bon paysan voisin s'offrit pour donner à Jean les premières leçons de lecture et de calcul. Puis Don Laqua, curé et maître d'école à Capriglio, l'accepta dans sa classe, par égard pour sa servante qui était la sœur de Marguerite. Les cours commençaient à la Toussaint et se terminaient aux premiers jours de printemps pour les travaux de la campagne. En cette saison très dure, le petit écolier de huit ans dut faire près de quatre kilomètres, deux fois par jour et par tous les temps, braver la pluie et les boues opiniâtres, la neige et les bises glacées. Mais la bonne tante était là ; à Capriglio, c'était encore un peu la famille.

A la belle saison, Jean reprit le travail des champs aux Becchi, mais sans oublier ses études. Il avait déjà la passion de la lecture. Même pendant le repas, dit son frère Joseph, il avait quelque livre sous les yeux. C'était souvent son catéchisme ; il ne s'en séparait amais.

Ses chers livres faisaient déjà intéressante compagnie au petit pâtre, et il ne perdait point son temps. Dans les prés voisins, quatre ou cinq jeunes enfants gardent aussi leur bétail, mais, sans beaucoup de souci, ils donnent au jeu de longues heures. Pour lui, sans les écouter, il reste à l'écart.

Une fois, l'invitation est plus pressante ; irrités de son refus, ils se fâchent, l'accablent d'injures, puis de coups. Jean pourrait se défendre, il serait le plus fort ; mais il se souvient des leçons de sa mère. Doux et obstiné, avec une décision étonnante, il leur répond : « Battez-moi tant que vous voudrez ; je ne jouerai pas. J'ai autre chose à faire, *je veux étudier pour être prêtre.* » Les amis furent gagnés, et Jean resta libre.

Au retour de l'hiver, il fut question de reprendre les leçons de Don Laqua ; mais devant les menaces d'Antoine, Marguerite ne voulut pas imposer son autorité.

L'enfant se trouvait seul en face d'un avenir rêvé qui semblait déjà être une vocation. La Sainte Vierge va bientôt prendre la chose en mains ; quand tout semblera perdu, c'est elle qui dirigera tout.

Le joyeux camarade.

Nous ne voudrions pas surfaire notre héros ; ce n'est encore qu'un petit bonhomme de dix ans. Mais aux richesses du dedans s'ajoutent chez lui les qualités extérieures. Il n'est ni solitaire, ni triste ; dans son milieu des Becchi, sous la large vigilance de Maman Marguerite, il est excellent ami et gai compagnon avec les enfants de son âge. Boute-en-train et d'humeur joyeuse, il excelle à organiser une partie intéressante, dont il reste l'âme, où le diable n'a rien à voir, où le bon Dieu a toujours sa bonne part.

Une fois cependant il courut un grave danger.

On était parti à la recherche des nids ; c'est le rêve des enfants à la campagne. Dans un bosquet voisin, Jean guettait depuis quelque temps une nichée pleine de promesses ; on résolut d'en faire la conquête. Mais l'arbre est haut ; au bout de la longue branche, le nid semble défier toute audacieuse incursion. L'un après l'autre les camarades tentent l'assaut, mais en vain.

A son tour Jean s'élance ; leste comme un écureuil, il est bientôt au sommet ; la branche se prolonge au loin et se courbe sous le poids de façon menaçante. Avec d'infinies précautions, il se glisse doucement, parvient jusqu'au nid, et s'empare des petits oiseaux, aux applaudissements des camarades qui d'en bas suivent tous ses mouvements avec intérêt. Mais a-t-il songé au retour? Tout à coup sous ses pieds la branche inférieure glisse, et il reste suspendu par les mains ; ses amis poussent un cri d'épouvante. Dans cette situation angoissante il cherche autour de lui un point d'appui ; il n'y a rien ! Il essaie de se remettre horizontalement sur sa branche : vains efforts ! Avec une énergie désespérée il lutte contre la fatigue qui le saisit aux poignets, contre le vertige qui l'attire dans le vide. Après de longues minutes de lutte désespérée, devant ses camarades affolés et impuissants, à bout de forces, il se laisse tomber.

Il y a une providence pour les petits enfants, comme pour les petits oiseaux ; cette fois elle fit coup double. Avec sang-froid, notre jeune acrobate a mesuré et atténué sa chute ; mais le choc est terrible, avec un ébranlement de tout le corps qui le laisse un moment à terre, étourdi. Ses amis l'entourent épouvantés :

— « As-tu bien mal, Jean ? — « J'espère que non. »

Cependant il se relève péniblement, la tête et le cœur chavirés.

— « Et les oiseaux ? — « Les voilà, bien vivants ; mais ils me coûtent cher ! »

Il les tire de son gilet. Les pauvres bêtes n'ont pas trop souffert malgré tout. On se partage le butin et chacun rentre sans bruit.

Après quelques pas, Jean doit s'arrêter, saisi de vives douleurs d'entrailles. Aidé de son frère Joseph, il arrive péniblement à la maison et se met au lit sans rien dire. Le médecin, appelé, ordonne au hasard un calmant quelconque, mais, en l'absence de la maman, notre malade livre enfin son secret et raconte tout en détail.

— « Pourquoi ne l'as-tu pas dit tout de suite ?

— « Oh ! monsieur, je n'ai pas eu le courage devant ma mère, car je méritais une sévère punition. »

La maladie dura trois mois ; puis Jean reprit sa vie habituelle, oubliant les misères et les dangers passés.

Encore un petit trait entre cent autres.

Au temps des vendanges, on se trouvait à Capriglio pour aider la famille. Un soir, on vint à parler de bruits étranges entendus autrefois dans le grenier. Une histoire de revenants a toujours grand succès chez nos pauvres gens superstitieux. Chacun donne son avis motivé et exagéré ; on conclut gravement qu'il y avait là quelque intervention diabolique. Tel n'était pas l'avis de Jean. Il pensait déjà — et il en fera plus tard l'expérience — que le démon n'a pas de ces fantaisies innocentes pour amuser les gens trop crédules, mais que sa haine se manifeste d'ordinaire avec une malice plus réelle.

Quand les causeries eurent pris fin, on songea à se séparer. Tout à coup on entend au plafond comme le fracas d'un objet qui tombe lourdement, puis un bruit saccadé qui semble courir d'un coin à l'autre. Silence général ; on est terrifié et l'on s'interroge du regard : — Nous avons parlé du diable, c'est le diable qui nous répond !

Joseph a peur ; Antoine pousse un éclat de rire mal assuré. « Allons-nous-en, dit Marguerite. — Non, il faut voir d'abord », répond Jean. Sur les instances de l'enfant, on allume un fanal, tandis que là-haut le bruit redouble. Il gravit l'escalier, suivi d'un groupe curieux armé de bâtons en cas de quelque chose. Jean pousse la porte et promène dans l'intérieur la lumière de sa lanterne. Pas âme qui vive, silence absolu. Tout à coup un van à blé oublié au milieu du grenier se met à remuer et s'avance par saccades. Mouvement de panique ! Mais Jean n'a pas reculé, il saisit l'objet et le soulève sans crainte.

Éclat de rire général ! Une grosse poule, sotte et effarée, s'échappe et disparaît aussitôt dans un coin plein d'ombre. La pauvre bête, en voulant becqueter quelques graines restées dans les rainures, avait fait tomber le van, et s'était trouvée prisonnière. Ses efforts désespérés pour se libérer avaient causé ce gros émoi dans la maison.

Il n'y a pour nous rien d'insignifiant, dans cette petite vie d'enfant. Ces faits d'apparence médiocre nous révèlent une heureuse évolution intérieure, courage prématuré et sens pratique ; ce sont les premières manifestations de cette énergie de volonté qui sera après Dieu la grande force de sa vie.

Le premier Songe.

L'histoire de Jean Bosco, comme celle de Joseph, le glorieux fils de Jacob, commence par un songe plein de mystère. C'est le même cadre : silence d'une nuit calme, tranquillité de la vie des champs, paix d'une existence innocente et bonne. Il faut écarter toute rêverie, toute exaltation maladive.

Transcrivons ici, d'après ses Mémoires, le récit du premier songe, en 1824 :

« Vers l'âge de neuf ans, aux Becchi, j'ai fait un songe dont l'impression très vive a marqué ma vie tout entière.

« Il me semblait être devant la maison, dans une vaste cour où s'amusaient une multitude de jeunes enfants ; dans le nombre, beaucoup blasphémaient. En entendant leurs propos grossiers, je m'élançai au milieu d'eux à coups de poings pour ramener l'ordre.

« Tout à coup se présente un personnage vénérable, richement vêtu, sous un manteau d'une blancheur de neige, le visage d'une splendeur de soleil qui m'éblouissait. Il m'appelle par mon nom, et m'ordonne de me mettre à la tête de ces enfants ; puis il ajoute ;

— « Garde-toi de les frapper. C'est par la douceur et la charité que tu gagneras leur cœur, et ils seront tes amis. Il faut d'abord les instruire, et leur enseigner l'horreur du péché et la beauté précieuse de la vertu.

« Plein d'effroi, j'avoue mon impuissance. Comment pourrai-je, pauvre petit enfant ignorant, parler du bon Dieu à tout ce monde ? Mais déjà la bande a fait silence pour se grouper autour du personnage : plus de cris, plus de disputes, plus de blasphèmes. Sans trop me rendre compte, je demandai encore :

— « Qui êtes-vous pour me commander cette chose impossible ?

— « Ne crains pas ; ce qui te semble impossible, tu l'accompliras par l'obéissance et la science.

— « Comment pourrai-je acquérir la science ?

— « Je te donnerai une Maîtresse très sage ; c'est elle qui t'enseignera la véritable science sans laquelle toute sagesse est folie.

— « Mais encore, qui êtes-vous pour me parler ainsi ?

— « Je suis le Fils de Celle que ta mère t'apprend à saluer trois fois par jour.

— « Ma mère m'apprend aussi à me méfier des inconnus. Dites-moi votre nom.

— « Mon nom ? Demande-le à ma Mère.

« Une grande et belle dame apparaît alors, pleine de douceur et de majesté, sous un riche manteau chargé d'étoiles étincelantes. Mon trouble augmente encore ; mais elle me fait signe d'approcher et me prend par la main. — « Regarde », me dit-elle. Au même instant, tous les petits enfants ont disparu ; à leur place, c'est une multitude d'animaux étranges, des chevreaux, des chiens, des chats, des ours, et d'autres encore.

— « *Voilà ton champ de travail, voilà ton œuvre. Sois humble, sois fort et robuste.*

« Puis elle ajoute : — Regarde, prends exemple, et souviens-toi. Ce qui se passe ici sous tes yeux, tu le feras plus tard pour mes enfants.

« Je me retourne, et, de nouveau, toutes les bêtes sauvages se sont merveilleusement transformées en autant de tendres agneaux, qui accourent en bonds gracieux, avec de joyeux bêlements, pour faire fête à l'auguste Dame et à son Fils.

« Toujours plus étonné, angoissé, je me mets à pleurer, demandant l'explication de tous ces mystères. Elle pose doucement sa main sur ma tête, comme pour une bénédiction, et elle termine en souriant :

— « *Quand le moment sera venu, tu comprendras tout.*

« A ces mots, un bruit me réveille, et la vision disparaît.

« Je restai stupéfait. Il me semblait que les mains et les joues me faisaient mal encore des coups de poings donnés à ces gamins, et des soufflets reçus en me battant avec eux. Les graves paroles du songe m'occupaient si vivement que je ne pus me rendormir.

« Au matin, j'avais hâte de tout raconter autour de moi, et chacun l'interpréta à sa façon. Mes frères d'abord se mirent à rire. — Tu seras berger, dit Joseph, tu garderas les chèvres et les brebis. — Tu seras peut-être chef de brigands, répliqua Antoine d'un ton sec et moqueur. — Qui sait si Jean ne sera pas prêtre? répondit doucement ma mère. — Le dernier mot fut celui de la grand'mère qui conclut gravement : — Il ne faut pas faire cas des songes.

« C'était aussi ma pensée; mais pouvais-je chasser de mon esprit une impression si vive? On cessa d'en parler en famille ; et je gardai mon secret dans le fond du cœur.

« En 1858, dans une audience à Rome, Pie IX me fit tout raconter en détail. Puis il m'ordonna de mettre ce songe par écrit, et de le laisser à mes fils comme un encouragement pour l'avenir de la Congrégation Salésienne. »

Tel est le récit. Page étonnante dans sa simplicité et dans sa portée magnifique. Que sera cet enfant prédestiné? Comme pour Jean-Baptiste, la question se pose. Comme au foyer du patriarche de Chanaan, on se le demande sous le pauvre toit des Becchi. Et tous ont raison, plus qu'ils ne le pensent.

Jean sera *pasteur* d'âmes, et sous sa houlette il groupera par milliers les petits enfants.

Jean sera *chef* d'une grande famille, d'une grande armée religieuse qui, sous ses ordres, mènera hardiment la lutte du bien.

Jean sera *prêtre*, une des plus belles figures sacerdotales de son siècle.

Le premier appel de la Madone.

JEAN BOSCO A 10 ANS, ACROBATE ET APÔTRE.

CHAPITRE IV

Apôtre à dix ans

Le secret de Jean.

La voix du songe résonne au cœur de Jean. Il doit travailler au bien des enfants, les gagner par la douceur ; il doit commencer tout de suite. La mission est certaine, l'ordre est réel et ne veut pas de retard,

Il a déjà de nombreux amis : son bon caractère son joyeux entrain lui donnent sur tous un ascendant moral. Au catéchisme de Murialdo, il est le plus assidu, le plus attentif, toujours le premier. Monsieur le Curé le cite en exemple : « Vous autres, vous savez bien mal votre catéchisme ! Voyez le petit Bosco, non seulement il le sait, mais il le chante. » Le prêtre fait allusion sans doute aux leçons rythmées en pieuses cantilènes, charmantes berceuses aux foyers chrétiens. On les chantait avec amour aux Becchi.

Jean exerce un charme attirant, et il en profite avec la meilleure grâce. On l'aime, on l'admire ; on se presse autour de lui ; de loin les enfants accourent

4

avec joie pour l'entendre. Il a d'intéressantes histoires et des jeux amusants. Aux enfants se mêlent les grandes personnes, attirées par la curiosité, retenues par l'admiration. Dans les prés, au bord de la route on voyait souvent ces curieux rassemblements : c'était l'auditoire de Jean. Le petit apôtre de dix ans commençait sa mission de façon charmante. Une mémoire prodigieuse lui permettait de faire bonne figure avec une leçon bien apprise. Aux longues veillées d'hiver on recherche sa présence et ses récits captivants. A la belle saison, les dimanches et jours de fêtes commencent aux Becchi de véritables séances devant une assemblée nombreuse. Notre jeune artiste amuse son monde pendant plusieurs heures, à la grande joie et au bel avantage de tous.

Or, voici le secret de son programme.

En allant aux marchés, aux foires avec sa mère, il a remarqué avec quel facile attrait la foule s'extasie devant les charlatans. L'idée lui vient de s'exercer à ces jeux d'adresse pour amuser son monde. Pour ses pieux projets quel autre moyen ? Il n'a ni science, ni fortune. Son unique ressource, c'est lui-même ; il se formera tout seul ; avec la grâce de Dieu il réussira.

S'il va aux foires de Châteauneuf avec sa mère, son temps se passe sur la place publique devant les tréteaux des charlatans. S'il apprend dans les environs la présence d'un faiseur de tours, d'un acrobate, d'un danseur de cordes, il accourt se mêler à la foule ébahie. Mais ce n'est pas le jeu qui l'intéresse ; il vient pour apprendre et pour s'instruire ; il regarde et il observe, il donne, au besoin, quelque pièce de monnaie pour voir de plus près. Il ne perd aucun geste, aucun mouvement.

De retour à la maison, il répète la leçon ; tenace et résolu, il s'exerce jusqu'à pleine réussite. La chose ne va pas toute seule, et si le métier entre, ce n'est pas sans peine. La promenade aérienne sur la corde avec un balancier de fortune, est dure surtout, et les culbutes ne sont pas sans danger. L'apprenti ne se décourage pas : chutes et blessures il supporte tout gaiement, et il recommence. La maman s'inquiète parfois ; la grand'mère multiplie les recommandations à son petit Jean. Il garde son courage hardi, obstiné ; et sa constance est bien récompensée. Au bout de peu de temps, il s'est fait habile en toutes sortes de jeux ; son répertoire s'est enrichi de mille tours qui feront merveille devant le public toujours naïf. Un arracheur de dents lui a montré son secret ; il excelle à faire jouer la clé anglaise avec un étonnant tour de main.

Nous allons le voir maintenant à l'œuvre, organiser ses séances dans le pré des Becchi. Ce pré est resté légendaire ; un pieux souvenir s'attache à ces curieux débuts d'un zèle qui saura prendre un jour toutes les formes. « Je me suis fait tout à tous pour gagner des âmes au Seigneur. » Saint Paul avait-il prévu cet apostolat sur la corde?

Une séance dans le pré.

C'est un soir de dimanche ou de fête. Jean a composé son programme et annoncé la réunion. Point de bruit, point de réclame tapageuse ; mais personne ne manque : les petits amis se sont chargés de la propagande.

Notre artiste a pris son rôle au sérieux ; les préparatifs se font avec gravité. Au milieu du pré, un vieux poirier tend ses branches robustes, Jean y attache sa corde qu'il fixe à un arbre voisin. Il dispose sa table, sa chaise, son sac à surprises, sur l'herbe un tapis ; Maman Marguerite prête son mobilier, elle se fait complice des projets de son fils. On fait cercle ; au premier rang, les enfants, impatients, très intéressés ; la séance est pour eux. Derrière, les parents venus par curiosité, par sympathie, bientôt gagnés eux-mêmes comme de grands enfants qu'ils sont restés dans leur tranquille village.

Maintenant tout est prêt. On commence par la prière. Le petit apôtre domine tout de suite ; d'un ton décidé il récite le chapelet ; quelques couplets de cantique ajoutent leur note gaie ; rien ne languit.

La prière finie, le voici debout sur sa chaise. Jean est orateur, ou il le deviendra ; en attendant, il s'exerce. Mais ce n'est pas encore son boniment amusant qu'il sert à l'assemblée ; il annonce... le sermon de Monsieur le Curé.

Cette fois il y a un peu de déception et d'impatience ; on murmure même, car on n'est pas venu là pour entendre un sermon, et on parle de s'en aller. Mais de sa chaire improvisée l'orateur se fait menaçant ; il s'impose avec une maîtrise étonnante. Il répète l'explication de l'évangile du matin ; il raconte quelque trait édifiant pris dans un livre. Et les auditeurs ravis de s'écrier :

— Comme il parle bien, comme il en sait long le petit Jean !

Les jeux commencent enfin, et c'est merveille.

On dirait un professionnel de la physique amusante et de l'innocente magie. Avec une dextérité surprenante, il sait multiplier les œufs, changer l'eau en vin, tuer un poulet puis le faire chanter de plus belle, avaler les écus puis les cueillir au bout du nez d'un assistant.

Les enfants sont charmés, les paysans ébahis ; on rit aux éclats, on applaudit bruyamment.

Comme dans le grand genre, la fête a son entr'acte. Jean le réserve encore au bon Dieu. On chante les litanies de la Sainte Vierge ou quelque cantique.

Puis le brillant athlète reprend joyeusement son travail. C'est le moment de la gymnastique avec ses tours passionnants. La souplesse des muscles lui fait accomplir des prodiges. Léger comme un lutin, il excelle à faire la roue et le saut périlleux, à marcher sur les mains en parfait équilibre. La corde tendue est son triomphe avec ses exercices hardis, émotionnants. Il marche, il saute, il reste suspendu par les mains, par les pieds ; il danse, il se balance, il fait mille autres tours avec la grâce d'un écureuil sur sa branche.

Des cris d'admiration soulignent ces jolies hardiesses. Les bons paysans sont un peu fiers du petit Jean ; il pourrait bien un jour donner quelque gloire au pays. La soirée est délicieuse dans ce cadre rustique ; à l'unisson des cœurs, la belle nature est en fête : les oiseaux du ciel tiennent l'orchestre sous le regard de Dieu.

Quand la cloche sonne à Murialdo, la prière à Marie termine la séance, et chacun rentre. Notre petit apôtre, un peu las, est bien content de sa journée ; aux Becchi, ce soir, on aimera un peu plus le bon Dieu.

Le Grand Jour.

Son âme est déjà haute. Aux lumières intérieures qui l'ont si fortement pénétrée vont s'ajouter les ressorts puissants des grâces eucharistiques. Voici venir l'heure particulière de Dieu ; Jean va faire sa Première Communion.

Au carême de 1826, il a ses dix ans passés. Or, une coutume despotique, trop conforme aux idées et aux goûts routiniers, écarte sans pitié les petits enfants de la Table Sainte avant leur douzième et même leur quatorzième année. Dans le Piémont, pays de foi profonde et de mœurs calmes, on suit la tradition qui favorise tout le monde, sauf les chers intéressés. Deux ans auparavant, un autre enfant prédestiné de Châteauneuf, le bienheureux Cafasso, n'avait pas encore été admis à la sainte communion malgré ses treize ans.

Le curé, Don Sismondo, était pourtant d'un zèle éclairé ; il savait prendre sur lui de faire quelque exception. Ces grâces d'exception sont pour ceux qui en profiteront davantage. Don Bosco aura toute sa vie une dévotion eucharistique intense ; il sera partout et contre tous le précurseur, l'apôtre de la communion fréquente.

Maman Marguerite est riche de sens chrétien. Elle a compris pour son enfant l'utilité de la communion précoce. Sans attendre, elle l'envoie au catéchisme préparatoire qui se fait pendant le carême. Jean, assidu et attentif se distingue tout de suite. Le petit prédicateur, le catéchiste des Becchi fait bonne figure parmi ses camarades plus grands ; on l'admire pour sa science, on l'aime pour la candeur de sa vie. A l'examen, il est admis à la première communion pour « la Pâque des enfants », sans doute le mardi saint, 21 mars 1826.

La pieuse mère a mis tout son cœur à le préparer au grand acte. Trois fois elle l'a mené à confesse, veillant sur lui avec tendresse, secondant de tout son cœur le zèle du pasteur : — « Mon petit Jean, le bon Dieu s'apprête à te faire un don bien précieux ; il faut t'y disposer de toute ton âme. Confesse-toi bien ; garde-toi de rien cacher ; que ton repentir soit sincère, et promets à Jésus de devenir meilleur. »

— « Je promis tout, écrit Don Bosco ; suis-je resté fidèle ? Dieu le sait. »

Au matin du grand jour, dans la joie sonore des cloches saintes, dans la joie discrète des campagnes à leur première poussée de printemps, dans la joie intime des divines grâces, en tête du cortège familial, Marguerite conduisit vers Châteauneuf le triomphe de son cher enfant. Elle communia près de lui. Dans les profondeurs du ciel, leurs prières se rejoignirent toutes puissantes.

Pour l'âme si pure de Jean, ce fut une heure suave et céleste, sans cet apparat encombrant qui chez nous contraste trop souvent avec l'ignorance et la misère intérieure. Dans cette première rencontre avec son Dieu, au souffle puissant de la grâce, son cœur vibra plus fort, son esprit s'ouvrit à des perspectives plus hautes. C'était, pour toujours, la prise de possession du Maître. Les rayons doux et pénétrants de la première Hostie éclairent d'ordinaire toute la vie. Jean dut y trouver des précisions nouvelles sur sa grande vocation, sur le bel apostolat entrevu en songe, et déjà si bien commencé.

Quand le jeune enfant de dix ans eut goûté la céleste nourriture, il sentit sa faim croître de jour en jour. Au séminaire de Chieri, on le verra pour sa communion quotidienne sacrifier son déjeuner du matin. Une fois prêtre, il sera un puissant distributeur de pain eucharistique aux âmes affamées ; et plusieurs fois Dieu fera entre ses mains le charmant miracle de la multiplication des saintes hosties.

Acrobate et Apôtre.

Les petites réunions des Becchi virent bientôt leur succès s'étendre. Jean y consacrait tout son cœur, tout son savoir-faire et toute sa charité : et Dieu le bénissait en lui donnant sur les enfants du village et des environs la plus heureuse influence. Ce fut *son premier Patronage*, premier grain levé, prélude des moissons futures. Il en créera tant d'autres plus tard, ce moissonneur infatigable, qui dans les granges du bon Dieu amènera tant d'âmes d'enfants en belles gerbes dorées !

Le petit apôtre de dix ans, le pieux et pacifique conquérant entre de bonne heure dans ses fonctions sublimes. Il exerce autour de lui un charme irrésistible, un attrait qui lui ouvre les cœurs. De son regard vif et profond, la pureté rayonne ; une paix suave l'entoure d'une atmosphère bénie ; on l'aime, on le recherche, et sa présence inspire la joie, la vertu, le désir de devenir meilleur.

Sur cet intéressant chapitre, rappelons encore quelques petits traits ; ils sont délicieux dans le cadre très suggestif de son enfance naïve. Son zèle va grandissant et son champ d'action s'élargit.

Un jour de fête, la famille était en pèlerinage dans un pays voisin. Il y avait de l'animation sur la place, et l'on faisait grand bruit autour des étalages de la foire et des marchands ambulants. Pour l'office et le sermon du soir, quelques personnes pieuses avaient regagné l'église ; les enfants occupaient leurs places, impatients et distraits. Tout à coup, une malencontreuse trompette fait entendre ses notes magiques, et la petite église résonne ; c'est le charlatan qui va commencer ses tours. Quelle tentation ! Les garçons frémissent, les bancs s'ébranlent, et dans un vacarme de sabots et de souliers ferrés, tous sont déjà dehors. Les jeunes filles, non moins curieuses et hardies, s'échappent à leur tour, et l'église reste vide !

Notre Jean est navré. Il sort aussi ; mais il a son idée, une idée généreuse qui n'a pas été longue à mûrir. A travers la foule pressée, il gagne le premier rang dans l'assistance et tous les regards se tournent vers lui ; des sourires provocateurs l'invitent à s'attaquer au concurrent. Le charlatan installe ses batteries à grand renfort de phrases sonores et de mirobolantes promesses. Jean s'avance résolument jusqu'au milieu du cercle et lui lance un défi.

Très surpris, notre homme le regarde avec mépris et voudrait l'écarter, mais la foule amusée applaudit le geste crâne de l'enfant. Il faut accepter. On convient ensemble du plus joli tour à faire et Jean propose ses conditions :

— « Si vous gagnez, je vous donne un écu. Si je gagne, vous quittez la place à l'instant, avec promesse de n'y plus revenir à l'heure des offices. »

Nouveaux applaudissements de l'assistance devant la curiosité de l'enjeu.

— « C'est entendu » dit le charlatan, sûr de sa victoire.

Mais la victoire et le succès furent pour notre jeune champion. Tout penaud, le charlatan dut plier bagages et disparaître sans bruit. Les enfants suivirent Jean à l'église ; c'était un superbe coup de filet. Le prédicateur ne parla pas devant les bancs vides, et l'office fut solennel comme jamais.

Un bal à Murialdo.

Un jour de fête à Murialdo on avait organisé un bal en face de l'église, à l'heure des vêpres, au grand scandale des âmes pieuses.

Que faire? — Notre Jean, douze ans environ, se met en tête de faire cesser le mal.

Il s'en va sur la place, et, s'adressant d'abord à ceux de sa connaissance, il les engage à le suivre à l'église pour l'office qui va commencer. Mais pas de succès ! On lui trouve même bien des prétentions pour son âge, et il recueille plus d'un quolibet :

— « Tu as trop de toupet, et pas assez de moustache pour nous faire la loi, mon petit homme !

— « Si tu veux prêcher, ta mission est bien gentille, mais va faire ailleurs tes sermons !

On se fâche même, et on l'écarte avec mauvaise humeur :

— « Les choses vont bien ici ; mêle-toi de tes affaires et laisse-nous en paix. »

Mais Jean n'est pas encore battu ; il lui reste son grand et dernier moyen : il va essayer la concurrence.

Il s'installe résolument à l'un des coins de la place, puis de sa plus belle voix il entonne un cantique populaire. Les notes sonores et suaves charment et attirent la foule ; on l'entoure, ravi ; puis, conquis par sa bonne grâce, tout le monde entre avec lui dans l'église.

Vers le soir, il revient sur la place où de nouveau le bal mène grand train. Avec la nuit, le danger approche : il faut prévenir le mal. Jean parcourt les rangs, essayant de persuader son monde ; mais personne ne l'écoute et sa voix importune se perd dans le tumulte de la fête.

La partie n'est pas perdue encore ; le petit missionnaire n'a pas dit son dernier mot. Une seconde fois il va affronter directement la lutte. Il se campe solidement en face de l'ennemi et lance les plus belles notes de son répertoire. Sa voix se fait harmonieuse et magique, les refrains charment ; on écoute, on se rapproche, bientôt les danses cessent et le bal est complètement abandonné. La fête a tout à coup changé d'âme ; on acclame notre prodigieux artiste, on lui offre même de l'argent pour qu'il recommence. Jean veut bien continuer encore, car son programme est riche ; cependant il n'accepte aucun cadeau.

Les organisateurs font piteuse mine ! Si le bal cesse, la recette en souffrira ; c'est une question d'argent, une question grave ; il faut avant tout assurer la recette. L'un d'eux prend dans la caisse une poignée de sous et la présente à notre petit chanteur d'un geste sec et menaçant pour l'intimider :

— « Prends cet argent, et quitte la place, si tu veux éviter une bonne correction.

— « De quel droit parlez-vous ainsi et pourquoi cette colère? réplique Jean repoussant la monnaie. Je suis libre ici autant que vous. J'ai là des parents qu'on attend à la maison ; est-ce vous faire tort que de les appeler? Il se fait tard, et chez nous on va se faire du souci. Et puis, vous êtes de braves gens, vous comprenez qu'avec la nuit il peut arriver du désordre. Et vous le regretteriez, car il faut que notre pays garde son bon renom. »

Le ton vainqueur de l'enfant, la bonhomie et la justesse de ses raisonnements, son fin sourire, avaient gagné la partie. Avec lui la plupart s'éloignèrent. Quelques emballés voulurent continuer la fête, mais bientôt le souffle manqua, et ils durent se retirer à leur tour.

CHAPITRE V

L'Epreuve

Le Sermon de la Mission.

Pour le jubilé de 1826, on se rendait en pieuses caravanes à la mission voisine de Buttigliera. A l'aller on chantait des cantiques ; au retour on devisait gaiement. Le nouveau chapelain de Murialdo, Don Calosso, vieux prêtre retraité, installé depuis quelques jours à peine, eut bientôt remarqué dans le groupe des Becchi notre jeune enfant.

— « Tu viens de la mission, toi aussi ? Tu es bien petit pour comprendre ! Un sermon de ta maman aurait plus de profit.

— « Maman me fait de bons sermons ; mais j'aime bien, et je comprends aussi ceux des missionnaires.

— « Si tu me répètes quelques mots de ce soir, je te donnerai quatre sous.

— « J'ai tout retenu ; et je puis vous dire tout le sermon. »

D'un ton facile et sûr, Jean récite le discours qu'il vient d'entendre, l'exorde et les trois points bien marqués : « Celui qui retarde sa conversion s'expose à n'avoir plus tard ni le temps, ni la grâce, ni la volonté. » Sur la route tranquille à cette heure, notre petit orateur qui n'en était pas à ses débuts, parla longuement. Don Calosso était stupéfait. Les paroissiens s'étaient rapprochés, sachant la piété de Jean, sa verve étonnante et sa mémoire prodigieuse ; ils écoutaient ravis, un peu fiers devant l'étonnement de leur bon curé.

— « Et l'instruction d'hier, demanda Don Calosso, l'as-tu retenue aussi ?

— « Je puis vous la dire de même. Un passage m'a surtout frappé, la rencontre de l'âme et du corps du damné au jugement dernier. »

Quelle révélation pour le vieux prêtre ! Il en est ému profondément. Plein de confiance, Jean lui raconte sa vie, ses désirs secrets, ses études contrariées par le grand frère. D'un ton simple et résolu il lui ouvre toute son âme :

— « *Je voudrais bien étudier pour devenir prêtre. Je voudrais faire du bien aux enfants mes petits compagnons. Il y en a tant qui sont bons ; mais ils deviennent méchants parce que personne ne s'occupe d'eux.* »

A ce langage sublime Don Calosso est conquis. De tels accents lui révèlent le mystère d'une vocation puissamment marquée. C'est pour lui, ministre de Dieu et de l'Église, une responsabilité nouvelle ; ce sera une consolation pour sa vieillesse à son déclin.

Bientôt les groupes se séparèrent ; celui des Becchi

Les sources eucharistiques.

NOTRE-DAME AUXILIATRICE, MADONE DE DON BOSCO.

prit à droite parmi les prés : Jean rentra chez lui heureux et charmé, comme si un ange de Dieu l'avait caressé de son aile.

Le lendemain, il servait la messe à Murialdo et le chapelain l'amena chez lui :

— « Tu es un brave enfant, lui dit-il ; sois tranquille ; je penserai à tes études. Mais je vais te demander un service. Je voudrais mettre par écrit le sermon du missionnaire. Pourrais-tu encore me le réciter ?

— « Tout de suite, si vous voulez ; mais je ne sais pas le dire en italien.

— « Tu le diras en piémontais, comme tu sais. »

De nouveau le chapelain put admirer son étonnante mémoire. Le dimanche suivant, il fut convenu avec Marguerite que l'enfant commencerait le latin à la cure de Murialdo.

Heureux temps, plein de consolations divines ! Jean n'était plus seul ; il avait trouvé un protecteur et un père, un guide pour la marche à son rêve, un maître pour acquérir la science demandée par le Songe.

« A Murialdo, écrit-il, je compris les avantages d'un guide spirituel ; il m'avait manqué jusqu'alors, et j'étais trop seul. Il m'encouragea à la confession et à la communion fréquente ; il m'apprit à faire chaque jour une courte méditation ; il m'interdit sagement quelques pénitences qui n'étaient pas de mon âge. J'avais mené une vie plutôt matérielle, sans me rendre compte des choses ; sous sa direction, je commençai à comprendre et à goûter la vie spirituelle. »

Mais pour fixer son idéal, Dieu lui réserve une autre grâce, la vision et la parole d'un Saint.

Citons cette page délicieuse des Mémoires : « On célébrait à Murialdo la fête patronale ; tout le village était en liesse avec les solennités et les amusements divers. Loin de la foule et du bruit, je remarquai un jeune clerc, de taille petite, légèrement inclinée, l'air affable et la figure très douce. Il se tenait pieusement à l'écart près de l'église. Son maintien modeste m'attira, et, malgré ma timidité, je m'approchai pour lui parler.

— « Monsieur l'abbé, ne venez-vous pas voir notre fête? Je vous conduirai bien volontiers.

« Il me fit signe d'approcher. A son tour il m'interrogea sur mon âge, mes études ; il me parla du catéchisme, de la communion avec beaucoup de bonne grâce. Ses manières suaves me charmaient; ses paroles me semblaient une très douce musique. De nouveau je lui proposai de visiter les curiosités de la fête.

— « Mon petit ami, reprit-il, les spectacles du prêtre, ce sont les cérémonies de l'Église ; plus elles sont pieuses, plus elles charment. Les curiosités du prêtre, ce sont les pratiques de la religion, toujours belles et neuves pour l'âme qui aime Dieu.

« Devant tant d'amabilité, j'eus le courage de continuer : — Vous avez raison, mais il y a du temps pour tout, pour prier à l'église et pour se récréer.

« Il se mit à sourire et conclut par ces sublimes paroles, belles comme un programme de vie : — Celui qui embrasse l'état ecclésiastique se vend au Seigneur ; plus rien ne l'intéresse ici-bas que la gloire de Dieu et le bien des âmes.

« Cette doctrine si sage et si haute m'avait émerveillé. Je voulus connaître le nom de ce jeune clerc déjà si rempli de l'esprit de Dieu. C'était l'abbé Joseph Cafasso, de Châteauneuf, théologien au séminaire de Chieri. »

Cette première rencontre avec le Bienheureux Cafasso est providentielle ; elle en présage d'autres. Ils se retrouveront dans les sentiers de l'apostolat. Don Cafasso sera un jour le père de son âme, le directeur de sa vocation, le soutien de son Œuvre.

Ce dimanche d'octobre 1827, la vocation de Jean Bosco prenait un nouvel élan, plus clair, plus résolu, avec les bénédictions que le ciel sème au passage d'un Saint.

MONCUCCO, 1828. — *Loin du foyer.*

La voix du Songe avait dit à Jean : « Sois humble, sois fort et robuste ! » C'était l'annonce de l'épreuve. Appelé à de grandes choses, il doit se préparer, se faire une âme forte, se travailler par la prière et la souffrance. C'est la voie ordinaire de Dieu.

A Murialdo, les beaux jours de travail fécond près de Don Calosso durèrent autant que l'hiver. Avec le printemps, Antoine recommença ses tracasseries. Il se tuait, disait-il, il peinait tout le long du jour, tandis que Jean perdait son temps à faire le petit monsieur. Pourquoi ce latin? Avec un peu moins d'études et un peu plus de travail aux champs, les affaires iraient mieux.

« Un jour, racontait Don Bosco, une discussion plus vive éclata devant ma mère et mon frère Joseph. Antoine finit par s'écrier sur un ton d'autorité : — En voilà assez ! Il faut en finir avec cette grammaire latine. Moi, je suis devenu grand et fort sans tous ces livres.

« J'avais les yeux pleins de larmes, le cœur gonflé d'indignation ; je laissai échapper une parole que je regrette : — Tu as tort de parler ainsi, car notre âne est plus fort que toi, et il n'est jamais allé à l'école. Tu ne voudrais pourtant pas lui ressembler?

« A ces mots, Antoine entra en fureur; et je dus à la vitesse de mes jambes d'éviter une grêle de coups. »

Dans la maison, les rapports devenaient de plus en plus difficiles. La grand'mère était morte depuis deux ans ; son autorité n'était plus là pour apaiser les colères de l'aîné. Il fallut envisager une solution douloureuse.

Un matin de février 1828, Jean quitte les Becchi, un petit paquet sous le bras.

Journée douloureuse ! L'horizon est bas ; sous la brume silencieuse l'enfant chemine tristement. Il est seul, et il a bien du chagrin ! Il vient de laisser la chère maman. Il s'en va en quête de travail pour vivre, et c'est Marguerite qui l'envoie, car à la maison les querelles continuelles rendent la vie impossible.

L'épreuve est plus cruelle après les beaux espoirs perdus.

Jean emporte avec lui toute sa fortune : quelques chemises pliées dans un mouchoir et quelques livres de piété, souvenir du bon chapelain. C'est peu pour affronter la nouvelle étape, longue peut-être ; le bel idéal s'éloigne à perte de vue. Mais il garde dans l'âme un espoir solide. Le petit voyant est riche de foi et d'amour ; il sait bien — il l'a déjà prêché aux autres — que la Providence est bonne mère, et que tous les chemins, surtout ceux qui montent, mènent à Dieu.

Rebuté ici et là, il arrive à la tombée de la nuit jusqu'à la ferme Moglia, au delà de Moncucco. Toute la famille est sur l'aire où l'on prépare l'osier pour lier les vignes. Jean expose sa requête.

— « Mon pauvre ami, lui répond le père, je ne puis te garder chez moi ; c'est l'hiver, et nous n'engageons personne avant deux mois. Prends patience et retourne auprès de ta mère.

— « Ne me renvoyez pas, de grâce ! A la maison maman ne peut plus me garder, car mon grand frère ne m'aime pas, et il me bat. »

Et Jean éclate en sanglots. Aux souvenirs amers du passé, sentant toute la fatigue de sa rude journée sur la grand'route, il reprend avec une énergie suppliante : « Je veux rester chez vous ; je travaillerai bien, sans rien vous demander ; mais gardez-moi. » Et déjà l'enfant s'était joint au groupe des travailleurs et ramassait sur l'aire son fagot d'osier.

La bonne Dorothée Moglia, une maman vaillante comme celle des Becchi, le prit sous sa protection et gagna sa cause.

Jean avait un abri et une famille ; mais cette famille n'était pas la sienne.

Premiers coups d'aile.

Jean resta deux ans chez les Moglia, deux belles années qui ne manquèrent pas de charmes. Il les appelait finement « la période romanesque de sa vie », en souvenir de son exode des Becchi à la recherche de la fortune. Sa douceur et ses manières aimables lui gagnèrent toutes les sympathies. Il aurait été heureux s'il s'était senti dans sa voie.

Courageux au travail, il ne recule pas devant l'effort ; toujours prêt à rendre service, même après avoir fait sa bonne part de la tâche, il ne se ménage pas pour les intérêts de la maison, et il rend bien l'affection qu'on lui porte. Quand Marguerite vint prendre de ses nouvelles, on la félicita sur son enfant; on promit de le garder, et de lui donner comme gages *quinze francs par an*. C'était, semble-t-il, un salaire de faveur à cette époque pour un petit domestique de son âge.

Mais loin du nid, loin du foyer, Jean est bien jeune encore et bien seul ! Sans les sages conseils de Don Calosso, sans la chaude vigilance de sa mère, que vont devenir ses résolutions pieuses ? — Cet enfant de treize ans aura de merveilleux élans d'âme ; on sent que chez lui l'amour de Dieu est déjà vainqueur.

Il a son règlement de vie. Le matin et le soir il reste longtemps en prière, à genoux dans un coin de sa chambre. Il profite de ses moments libres pour prolonger son commerce avec Dieu. La pieuse Dorothée, qui l'aimait déjà comme son enfant, se plaisait à le surprendre et à le contempler dans sa tenue modeste et recueillie.

Un jour qu'il gardait le bétail dans le pré voisin, il s'était retiré à l'écart derrière un taillis pour prier plus à son aise. Là, immobile et près de Dieu, il s'abandonne à sa méditation habituelle. De loin Dorothée le croit étendu et endormi au soleil. Elle l'appelle, il ne répond pas ; elle se rapproche avec inquiétude. Touchant tableau : Jean est à genoux, un livre à la main, les yeux fermés, le visage au ciel, respirant la candeur et la suavité. Elle lui frappe légèrement sur l'épaule :

— « Pourquoi dormir ainsi exposé au soleil?

— « Oh ! je ne dors pas », répond l'enfant. Et il se lève tranquillement, un peu confus d'avoir été surpris en prière.

La digne femme comprit mieux ce jour-là l'enfant de bénédiction ; dans sa maison c'était un précieux trésor. Avec un tendre et affectueux respect elle l'appela désormais « son petit saint ».

Le dimanche, dès la première heure, Jean se rend à l'église, seul et par tous les temps, pour sa confession et sa communion fervente. Pour lui, le dimanche est totalement le jour du Seigneur. Sa piété se communique. Avant et après le repas, il fait sa prière avec grande édification, et bientôt tout le monde l'imite.

Un petit fait va nous faire admirer sa crânerie.

Un jour d'été, on rentrait du travail vers midi quand la cloche sonna l'*Angelus*. A son habitude, Jean se mit à genoux pour la prière. En le voyant, l'oncle Joseph lança une plaisanterie. — « Pendant que nous nous tuons au travail, le jeune paresseux se contente de prier ! » — Jean acheva paisiblement sa prière ; puis se tournant vers le vieillard, avec cet à-propos qu'il gardait en tout : « Vous avez pu voir si je me suis ménagé à la besogne ! Il est certain cependant que j'ai plus gagné par ma prière que vous par votre travail. » Et le jeune catéchiste ajouta : « Si vous priez, pour deux grains semés vous aurez quatre épis ; si vous ne priez pas, vos quatre grains ne donneront que deux épis. La prière bénit et multiplie le travail. »

En même temps, il continue à Moncucco son bel apostolat des Becchi. Les enfants viennent à lui attirés et charmés. Les dimanches et jours de fête il fait ses réunions du soir; pendant l'hiver, aux jours de pluie ou de neige, on se groupe dans la grange spacieuse. Jean explique le catéchisme ou redit le sermon ; il récite le chapelet ou chante des cantiques ; il a toujours une intéressante histoire à raconter. Aux belles soirées d'été il fait ses réunions sur l'herbe, et il y ajoute quelques jeux innocents.

Toute la jeunesse du village est là, à la grande joie des mamans. Jean mène son monde aux offices, et il les surveille. Après la grand'messe on reste pour le chemin de la croix qu'il dirige ; beaucoup s'arrêtent pour prendre part eux aussi à la pieuse cérémonie.

Le curé, Don Cottino, était ému jusqu'aux larmes à ce spectacle, et il bénissait Dieu de cette merveilleuse floraison de piété dans sa paroisse. Au besoin, il ouvrait à Jean la salle d'école. Longtemps après, les réunions continuèrent ; le petit Patronage garda fidèlement le souvenir et l'esprit de son pieux initiateur.

« *Je dois être prêtre.* »

Dans le cadre rustique et simple de sa vie à Moncucco, Jean Bosco garde son espoir tenace ; dans le silence, le travail, l'étude et la prière, il prépare les voies de Dieu.

Les témoins quotidiens de ses vertus nous ont laissé de précieux témoignages. Chez les Moglia on lui garde après un siècle un culte attendri, une belle place dans les affections et les traditions familiales, comme à « l'enfant béni » de la maison. On conserve encore l'image de la sainte Vierge devant laquelle il dirigeait, avec tant de piété, la prière du soir en famille.

L'éloge est unanime, et il annonce une vertu peu commune : « Chez Jean Bosco, rien de puéril ou de moins sérieux, aucun de ces enfantillages ordinaires à son âge, point de dispute avec ses camarades, ni colère, ni mépris. A la maison nous ne l'avons jamais vu prendre un fruit ; il ne s'est jamais permis un geste, ou un regard moins réservé. » Et le témoignage se complète par ce vrai jugement de sainteté :

— « *Jean n'était pas comme les autres enfants ; il était déjà plein de sagesse et de maturité. Il nous faisait la leçon à tous.* »

La force de sa vertu était dans ses vues d'avenir. Son avenir, sa vocation, il en poursuivait malgré tout la réalisation.

Il avait gardé sa passion pour l'étude et il ne pouvait se séparer de ses chers livres. Quand il conduisait les bœufs au labour, il tenait l'aiguillon d'une main, son livre de l'autre. A la maison, au moindre moment libre, il reprenait sa lecture. On s'étonnait de son ardeur ; et quand on lui en demandait la cause, il répondait avec assurance :

— « *Un jour je dois être prêtre.*

— « Tu veux être prêtre? C'est impossible. Tu sais bien que pour étudier il faut être riche ; il te faudrait au moins dix mille francs, et tu n'as rien. »

On le taquinait parfois en se moquant de ses rêves. Mais lui répondait invariablement, du ton assuré et confiant de celui qui a vu et qui sait : « Vous verrez, vous verrez. »

Une des enfants de la maison, Anne, se montrait particulièrement sceptique. A plusieurs reprises, Jean, pressé de questions, avait annoncé que plus tard il serait prêtre, qu'il aurait à prêcher, à confesser. Mais elle, espiègle et moqueuse, le tournait en dérision, lui disant « qu'il ne serait bon à rien ». Or, un jour, elle s'attira cette étrange réponse :

— « Vous ne voulez pas me croire, et vous vous moquez de mes paroles. Sachez qu'un jour vous viendrez vous aussi vous confesser à moi. »

On dut rire à la risposte ; mais les événements la réalisèrent. Anne Moglia, devenue plus tard mère de famille, venait souvent trouver Don Bosco à Turin, et faire ses dévotions dans la petite église Saint-François-de-Sales. Elle rappelait avec émotion les deux belles années de Jean à la maison. Ses récits étaient tout à la gloire du saint jeune homme qu'elle appelait « l'ange et l'apôtre de la famille ».

Cependant les études n'avançaient pas, faute de

travail suivi. Le Curé de la paroisse s'était offert pour quelques leçons. Aux vacances, un prêtre de la famille, Don Moglia, professeur à Châteauneuf, lui donnait aussi des répétitions ; mais c'était le moment des grands travaux de la campagne. Les patrons se prêtaient avec bienveillance à ces combinaisons de fortune ; l'enfant était trop délicat pour en abuser.

Pourtant il doit acquérir la science : c'est l'ordre d'En-Haut. Et déjà il est dans ses quinze ans !

Vers la fin de 1829, son oncle Michel, de Capriglio, vient le surprendre un matin en se rendant au marché de Chieri. Il s'informe de sa santé, de son travail. Tout est pour le mieux, semble-t-il ; mais Jean a un gros chagrin : il doit étudier ; il voudrait tant étudier ! Le brave oncle est ému, et son affection lui dicte une résolution énergique :

— « Laisse là ton travail et rentre aujourd'hui même aux Becchi. Ce soir je passerai à la maison ; s'il faut quelque chose, je me chargerai de tout. »

Sublime détachement.

La réception aux Becchi fut pénible ! Pour éviter un accès de colère d'Antoine, Marguerite prit un ton sévère, et fit cacher Jean de longues heures derrière la haie voisine, jusqu'à l'arrivée de l'oncle Michel. Celui-ci imposa son autorité et Antoine se tut. Il fut décidé que Jean poursuivrait ses études.

D'ailleurs quelque temps après on fit le partage

des biens. Joseph, toujours dévoué et courageux, accepta de faire valoir la part de Jean. Antoine se retira pour travailler à son compte. Il nous faut dire ici que les patientes leçons de Marguerite et la douceur de Jean ne furent pas perdues. Avec le temps, le grand frère se calma, ses ressentiments s'apaisèrent. les amitiés se renouèrent et l'affection revint. Comme Joseph, Antoine prospéra dans ses affaires ; il eut une maison et une famille bénie de Dieu.

Marguerite était libre enfin pour faire étudier Jean ; mais il fallait trouver une école. Surchargé de travail, le Curé de Châteauneuf et ceux des environs ne purent accepter. Dans ces contrées chrétiennes le ministère des âmes n'était pas une sinécure. Peut-être la vie pacifique et réglée du bon clergé de l'époque s'accommodait moins que de nos jours de ces suppléments d'apostolat ; et les vocations étaient nombreuses. De nouveau on s'adressa au chapelain de Murialdo.

Don Calosso avait soixante-quinze ans. Les faiblesses de l'âge, les ruines de la vieillesse n'arrêtèrent pas son zèle. Le saint prêtre avait touché du doigt une belle vocation, il voulut à tout prix la sauver : « Mon cher enfant, tu as mis ta confiance en moi, tu ne seras point déçu ; et, si je viens à mourir, rien ne te manquera. » Il adopta son grand élève, et le fit loger chez lui.

En cette fin d'été 1830, Jean commença à Murialdo une vie nouvelle, heureuse et féconde dans le travail et la prière : « On ne saurait imaginer ma joie, disent les Mémoires. Don Calosso était pour moi l'ange de Dieu. Je l'aimais comme un père, et lui rendais tous les services possibles. J'étais heureux de me dévouer et de souffrir pour lui. Je faisais plus de progrès en un jour qu'autrefois en une semaine. »

Est-ce enfin la solution ? Hélas ! nouveau malheur, nouvelle épreuve !

Un matin de novembre, le vieux prêtre est subitement terrassé par l'apoplexie ! Son dernier regard et son dernier geste furent pour Jean. Il put prendre sous l'oreiller la clef de sa cassette, et la lui donner avec un regard attendri qui était un testament suprême. L'enfant prodigua pendant deux jours au vénéré malade ses soins affectueux. Avec cette mort semblaient disparaître à nouveau toutes ses espérances.

Ne va-t-il pas profiter des avantages offerts ? On le lui conseille, car on a compris la volonté du défunt. Mais il manque les formes légales ; Jean se décide, il ne gardera rien. Quand les héritiers arrivèrent, on trouva six mille francs dans le coffre.

— Je respecte la volonté de Don Calosso, dit le neveu, prends tout ce que tu veux.

Quel secours pour son avenir, pour sa vocation ! Mais la sagesse et la modération, vertus caractéristiques de sa vie, le guident déjà. Une seconde fois il fait son acte de généreux renoncement.

— « Je ne veux rien. Mieux vaut le paradis que toutes les richesses et tout l'or du monde. »

En rentrant à la maison, Jean avait la mort dans l'âme, et il pleura longtemps ! Heures douloureuses et découragées ! Va-t-il douter du succès? Quelles sont donc les voies de Dieu? Les obstacles se multiplient, retardant la marche; dans les ténèbres, les détours s'allongent. Il ne comprend plus : il ne voit plus rien devant lui.

Mais Dieu veille sur son enfant; et il vient relever son courage par la voix du songe renouvelé :

— « A cette époque, disent les Mémoires, je fis un nouveau songe où je reçus des reproches pour avoir placé ma confiance dans les hommes plutôt que dans la bonté de Dieu. »

CHAPITRE VI

Le chemin s'allonge

CHATEAUNEUF, 1830. — *Une classe mouvementée.*

Une seconde fois l'oncle Michel intervient et Jean est admis à l'école publique de Châteauneuf où il y a un cours supplémentaire de latin, et où professe un ami, Don Moglia.

Mais que de difficultés encore ! Le trajet est long d'une bonne lieue ; par économie, Jean va pieds nus par les sentiers et les raccourcis ; il reprend sa chaussure à l'entrée du bourg. En allées et venues c'est grosse fatigue et temps perdu ; il supprime le retour de midi ; et, quand le temps est mauvais, il passe la nuit chez Roberto, un brave tailleur de l'endroit qui lui offre un pauvre réduit sous l'escalier. Enfin, Roberto accepte de le garder chez lui en pension complète pour une modeste rétribution en nature dont les familles voisines voulurent faire les frais.

Marguerite est heureuse enfin ; la vocation de son enfant est en bonne voie. Elle ajoute sa dernière et précieuse recommandation : « Mon enfant, sois fidèle à aimer et à prier la Sainte Vierge. »

Notre grand garçon de quinze ans se trouva dépaysé au milieu de camarades plus jeunes. Les changements nombreux de maîtres, de livres, de méthodes, avaient un peu brouillé les théories ; il fut classé dans les retardataires. Les espiègles sans pitié se moquèrent d'abord ; ils méprisèrent le paysan des Becchi, pauvrement vêtu, et dont la réserve semblait de la timidité. Mais bientôt le sérieux de sa conduite et son sourire inaltérable lui ouvrirent les cœurs. Il prit sa vraie place en tête de toutes les bonnes volontés.

Cependant, pour les études, l'année ne donna pas satisfaction.

Les débuts avaient d'abord été heureux, et même brillants. On parle de certain devoir qui surprit le professeur et passa de main en main : « C'est une merveille, disaient les uns. — Point du tout, dit Don Moglia d'un ton solennel ; ce travail n'est pas d'un élève ; c'est du plagiat ; il a été copié. Ce pauvre Bosco ferait mieux de laisser là les études, et de retourner à ses champs des Becchi. »

Or, après quelques mois de bon travail, le professeur de latin est nommé curé de Mondonio, et c'est Don Moglia qui le remplace.

Le vieux professeur manque d'ordre et de discipline. Sa classe le dépasse. Esprit étroit, doublé de vanité pédante, c'est le pédagogue maladroit, trop sûr de lui-même, et qui ne revient pas de son jugement routinier. Pour lui, l'enfant des Becchi ne pouvait être qu'une intelligence bornée, un retardataire bon à rien. Jean était classé définitivement. Dans cette absence de confiance réciproque, l'année se passa vaille que vaille.

Un petit trait nous révèle la vertu et l'humilité de notre cher élève.

Pour une composition de fin du mois, Jean, qui veut gagner du temps, demande à concourir avec les élèves de troisième année. Don Moglia se fâche et lui répond par de lourdes moqueries : « Quelle prétention ! Ceux des Becchi n'ont jamais rien fait de bon ! Ta classe à toi c'est celle du jeudi à la recherche des nids. Le latin n'est pas ton affaire et tu n'y comprendras jamais rien ! »

Jean, toujours calme, se contente d'insister. Nouveaux sarcasmes pleins de fiel, puis cette boutade décourageante : « Fais le travail que tu voudras : je ne me donnerai pas la peine de lire tes sottises. »

L'élève poursuit son idée, il s'attaque avec ardeur à la version latine, et vient au bout d'une heure présenter son travail. Très contrarié, le professeur le rejette sur son bureau sans le regarder ; et son humeur éclate de nouveau en invectives méchantes avec le refrain qu'il trouve plaisant : « Ceux des Becchi ne sont bons à rien ! »

Toute la classe est en mouvement. Les élèves sont debout, car la scène les amuse. A leur tour ils interrogent ; ils voudraient connaître les sottises de Bosco. Cédant à leurs caprices Don Moglia prend la feuille et la parcourt rapidement. Un mouvement de surprise lui échappe ; la traduction est bonne. Cependant, il ne s'est pas trompé ; Bosco n'est bon à rien ; cette version n'est pas de lui ; il a dû copier le travail d'un autre.

Cette fois la cause de Jean gagne en faveur dans la classe. Il est bien connu et estimé de tous ; les voisins savent qu'il a fait un travail sincère. L'un d'eux ose proposer une confrontation de la fameuse copie. Mais le professeur qui songe enfin à se tirer d'un mauvais pas, impose silence vertement et sur un ton qui n'admet pas de réplique.

Et Jean regagne sa place sans rien dire, avec une maîtrise et une humilité étonnantes.

Un jeune homme débrouillard.

Si les études languissent, Jean développe ses aptitudes physiques. Tout lui servira un jour, et les desseins de Dieu marchent à leur fin.

Roberto, l'excellent tailleur, était à ses heures premier chantre à la paroisse, et bon professeur de musique. Jean fut une précieuse recrue ; il avait une voix agréable, il la prêta avec joie. Sa piété profonde aimait à participer aux glorifications liturgiques de Jésus-Hostie. Ce sera une des passions de sa vie, une des notes de la « piété salésienne » dans ses Œuvres. Au lutrin, il fut bientôt le soutien du groupe, celui qui, aux heures délicates, sauve la situation et enlève les solos embarrassants. La musique et le plain-chant lui seront plus tard un riche avantage. Don Bosco pourra réaliser l'heureuse formule qui demande d'élever la jeunesse *in hymnis et canticis.*

Auprès du maëstro il apprend aussi le violon. Et le violon lui servira pour les débuts de son Patronage ; heureux au moins dans ces temps précaires et tourmentés, de n'avoir pas à déménager d'un dimanche à l'autre, pour ses fêtes improvisées, un orgue de cathédrale !

Dans un coin de la maison, qui n'a rien d'un conservatoire, dort sous les étoffes un pauvre clavecin boîteux et chargé d'ans, robuste souffre-douleurs des familles, dans un pays où tout le monde est un peu musicien. C'est là que Roberto donne ses leçons et prépare ses programmes de fêtes. Jean s'y exerce à son tour avec un égal succès. Plus tard il pourra tenir l'orgue ou l'harmonium pour faire chanter ses bandes joyeuses.

Don Bosco sera bien le fils de son expérience et de ses œuvres. De bonne heure nous l'avons vu s'atteler au dur labeur quotidien, car la nature ne l'a pas traité en enfant gâté.

Chez le tailleur, il ne perd point son temps. Aux heures libres, il se rend utile pour gagner quelques sous, et diminuer d'autant les frais de pension. Avec son sens pratique, il s'est vite dégrossi à la besogne; il est bientôt au courant de la couture et de la coupe. Le patron, émerveillé, lui fait des offres ; s'il veut rester on fera de lui un maître en habillements. Mais Jean a des vues plus hautes ; son rêve lointain lui fait entrevoir, non des corps à habiller selon les modes mondaines, mais des âmes à revêtir de Jésus-Christ, de belles âmes d'enfants à orner de blancheur et de pureté.

Un forgeron voisin lui ouvre son atelier ; notre jeune observateur trouve là encore à s'instruire. Aux longues soirées d'été, il s'étudie aux travaux de la forge, de l'enclume, de la lime, et il a prestement pris le coup de main.

Activité épanouie, apprentissage nécessaire. Le futur créateur de tant d'œuvres diverses pourra parler d'expérience à ses enfants. Ils trouveront en lui quelqu'un de la famille, un aîné qui a connu leur vie, leurs difficultés, leurs besoins. Don Bosco est passé par là ; il possédera tout les secrets. Pour faire vivre sa grande famille, il aura de bonne heure appris à se débrouiller.

« Le miracle de Don Bosco » n'aura pas le même cachet que son prodigieux voisin, « le miracle de Cottolengo ». Chez Cottolengo, cette merveille de Turin, la Providence maternelle pense à tout ; les aumônes arrivent au jour le jour, anonymes, mystérieuses parfois, toujours suffisantes ; il n'y a pas d'administration, pas de caisse; les livres de comptes n'ont qu'une colonne, celle des dépenses ; l'autre, celle de l'avoir, est tenue au livre de Dieu. Chez Don Bosco, cette autre merveille du monde entier, le pain de chaque jour n'a jamais manqué ; mais le miracle quotidien ne s'est fait qu'avec une coopération laborieuse. Le père devra nourrir ses enfants à la sueur de son front, à force d'énergie et de foi, cette foi qui transporte les montagnes, à force de sacrifice et d'amour, cet amour qui est fort comme la mort.

Artiste génial et ouvrier géant, Don Bosco devra emporter de haute lutte la vie et le succès de son œuvre. Hardi en ses entreprises, tenace devant l'obstacle, prudent dans le succès comme dans la persécution, esprit pratique à la fois et d'une haute portée mystique, il sera toujours égal à lui-même, il réalisera la devise si souvent tombée de ses lèvres pour encourager les siens : *Que rien ne vous trouble.*

Et c'était dans son geste, et dans sa parole, et dans son regard infiniment doux, tout un rayonnement de paix.

Le problème pédagogique.

L'année scolaire se termine sans grand profit. Mais tout n'est pas perdu. Les Mémoires nous révèlent dans l'âme de Jean Bosco une évolution intérieure, un travail plus profond. Ses pensées ont plus de maturité ; son jugement s'affirme plus sûr, avec ce bon sens pratique du jeune piémontais qu'ont affiné les premières expériences de la vie.

Près des maîtres de Châteauneuf, Jean trouve presque de la froideur ; et il en souffre. Car il pense que le prêtre, l'homme de Dieu, l'homme de tous, doit réaliser autrement et plus chaudement le « tout à tous » de saint Paul. Le prêtre est directeur et formateur d'âmes ; or, l'enfant ne se laissera diriger que par l'amour. Malheur à l'éducateur s'il se contente d'habiller un mannequin à la dernière mode classique, quand Dieu lui envoie des âmes à façonner !

Sur ce point capital de l'éducation, notre Jean a déjà son idée, la grande idée de sa vie. Nous le surprenons un jour en discussion pédagogique avec sa mère. La thèse a une haute portée ; elle dépasse l'humble cadre d'un parloir de collège, ou le banal fait divers d'une classe de sixième. De tout temps notre pieux jeune homme a eu pour les ministres de Dieu, pour ses maîtres, une profonde vénération : c'était de tradition aux Becchi. Mais ce respect mêlé de confiance aurait voulu rencontrer moins de réserve et plus de cordialité. Autour de lui les maîtres gardaient leurs distances, et Don Moglia, nous l'avons vu, n'avait rien de l'affectueux « système préventif. »

Le curé de Châteauneuf était aussi un très digne ecclésiastique ; mais une double auréole de science et de piété, comme les deux cornes de Moïse, éblouissait et écartait les bonnes âmes. Jean cherchait sa compagnie et sa conversation ; aux heures prévues, il se trouvait sur son passage pour le saluer et avoir une bonne parole. Le curé lui rendait poliment son salut, sans comprendre ce qu'il y avait dans le regard et dans le sourire du jeune homme.

Un jour donc, Jean Bosco porta le procès au jugement de sa mère. La pieuse femme, dans sa foi robuste et docile, trouvait des raisons conciliantes ; mais il avait réponse à tout :

— « Ce sont des hommes instruits, disait-elle ; ils ont de grands projets et de grands soucis ; ils ne peuvent guère se mettre à notre petite portée.

— « Un petit mot en passant, une parole aimable, une bonne pensée feraient tant de bien à nos âmes !

— « Tant d'autres occupations les absorbent : la prédication, les confessions, et tous les graves devoirs de leur ministère paroissial ; ils n'ont pas de temps à perdre.

— « Mais la jeunesse fait aussi partie de leur troupeau. Le bon Jésus ne perdait pas son temps quand il appelait à lui les petits enfants pour les bénir et les instruire, quand il reprochait aux apôtres de les écarter. Il devait au contraire les aimer beaucoup puisqu'il leur promettait le royaume des cieux. »

Notre théologien mettait du cœur à défendre sa cause. Elle était gagnée d'avance. Marguerite terminait par une exclamation qui sentait la défaite :

— « Patience, mon enfant, nous n'y pouvons rien ! »

Alors Jean formulait sa déclaration ; elle est

simple et sublime comme une profession de foi, résultat d'une conviction sincère et d'une ardente volonté. On sent la poussée intérieure et irrésistible d'une vocation :

— « *Vous verrez, maman ; si un jour je deviens prêtre, je veux me consacrer aux enfants. Je les aimerai bien ; avec eux je ne serai jamais triste, jamais sévère. J'irai à eux, et je leur parlerai le premier.* »

Après l'infructueux essai de Châteauneuf, l'âme vaillante de Marguerite conçut un beau projet, celui d'envoyer son cher latiniste au collège de Chieri pour la rentrée prochaine. C'était une grosse affaire ; mais pouvait-on se défier de la Providence? Dieu avait donné ses signes ; il fallait marcher. On se prépara de bonne heure, pour prévoir le trousseau et les frais de pension.

Ici s'offre à nous un trait de piété héroïque.

— « Si vous voulez, dit un jour Jean à sa mère, j'irai chercher quelques secours auprès de nos amis. »

Et l'on vit un étonnant tableau d'humilité. Notre grand garçon de seize ans, plein de jeunesse et de santé, s'en alla mendier pour l'amour de Dieu et pour sa vocation sainte. Devant lui les portes et les cœurs s'ouvrirent ; les mamans l'accueillirent comme leur enfant, heureuses de coopérer à l'œuvre de Dieu, heureuses de contribuer à faire un prêtre. Dans sa pauvre besace, elles déposaient de maigres choses, un peu de grain, quelques céréales, car elles n'étaient pas riches ; mais avec quel cœur ! Et elles demandaient une prière à l'enfant béni de Dieu.

La quête ne pouvait être riche ; mais Jean avait de belle façon exécuté l'ordre du premier Songe: « Sois humble et sois fort. » Au seuil du Paradis, l'auguste Dame dut sourire à la scène. Son docile élève marchait à l'humilité par la voie sûre des humiliations : ses débuts étaient déjà des pas de géant.

Projets sur la grand'route.

Pour la Toussaint tout était prêt. Un bon voisin, Jean Becchis, voulut porter jusqu'à Chieri l'humble bagage de Jean, et les quelques grains recueillis par Marguerite pour la pension : cinquante litres de blé et douze litres de millet.

— « C'est tout ce que je puis donner, dit-elle; la Providence pensera au reste. »

La Providence est bonne mère ; elle a depuis lors fidèlement pensé au reste. Elle a multiplié les grains de blé, pour l'orphelin des Becchi d'abord, puis pour les milliers de petites âmes qui, dans le monde entier, s'appellent « les orphelins de Don Bosco ». La phrase puissante de Maman Marguerite, nous la trouvons au frontispice de toutes nos œuvres. Don Bosco s'occupe des âmes « *Da mihi animas* » ; le reste : — des millions chaque année — vient de la banque du bon

Dieu ; sa devise est toujours solide et ses guichets ne ferment pas.

Le 4 novembre 1831, Jean quitte son doux pays. Au marché de Châteauneuf on vendit un peu de farine et quelques litres de maïs pour faire quelque argent et acheter du papier, des livres, le nécessaire de classe. Puis, tandis que Marguerite terminait ses achats, Jean prit les devants avec un compagnon de classe, Filipello, dans la direction de Chieri.

Sur la route, les deux amis causèrent de leur avenir, et Jean laissa son cœur déborder, développant la riche théorie de ses rêves et de ses projets d'apostolat. Sa voix s'animait, son visage s'enflammait ; Filipello, conquis par tant de chaleur et de zèle, l'interrompit :

— « Tu en sais déjà bien long, Jean ! Je gage que tu seras bientôt curé. »

Jean s'arrête, ému et sérieux.

— « Etre curé, s'écrie-t-il, sais-tu ce que cela veut dire ? Connais-tu les obligations du prêtre dans sa paroisse ? Quand il se lève de table après son repas il doit se dire : Le pasteur a eu sa nourriture, mais les brebis ont-elles mangé à leur faim ? Il doit se dépouiller de tout, car tout revient aux pauvres qui sont ses enfants. Et combien d'autres graves responsabilités, celles des âmes. Non, je ne serai pas curé ; *je vais étudier, pour consacrer ma vie aux petits enfants.* »

A cinquante ans de là, les deux amis se rencontrant un jour, rappelaient la scène d'autrefois sur la grand'route. Et Don Bosco, toujours riche de mémoire autant que de cœur, demandait à Filipello :

— « Eh bien ! est-ce que je suis devenu curé? »

Dans la bouche de Jean, ces graves paroles nous laissent voir la hauteur et la sublimité de ses pensées. Ce qu'il poursuit dans ses rêves, ce ne sont pas les avantages d'une vie bourgeoise et commode, ce sont les austères devoirs, les responsabilités de l'apostolat, le dévouement total à Dieu et aux âmes.

La mission du prêtre de paroisse semble l'effrayer, comme elle effrayait saint Vincent de Paul. « Si j'avais su ce qu'était un prêtre, disait le saint Curé d'Ars, au lieu d'aller au séminaire, je me serais bien vite sauvé à la Trappe. » Et pour expliquer ses fuites réitérées, il ajoutait avec des éclats de voix qui semblaient des cris de son âme ardente : « Etre curé, quelles tâches ! Le bréviaire, et la messe, et les âmes, et la confession, et les sacrements ! Ah ! que c'est effrayant d'être Curé ! »

Marguerite rejoignit bientôt les deux enfants. Après une halte sur la hauteur d'Arignano, ils entrèrent à Chieri sans bruit comme de pauvres inconnus. Une veuve, Lucie Matta, gardait Jean chez elle ; pour diminuer la pension, il accepta d'être domestique, et répétiteur d'un jeune enfant de neuf ans qui suivait aussi les cours du collège.

Le soir, la vaillante mère rentrait un peu plus

seule à sa maisonnette des Becchi. Mais au foyer silencieux d'heureuses visions d'avenir lui font douce compagnie. Le cher enfant est enfin dans sa voie ; et il lui reviendra un jour. Il sera encore, et toujours, son *Giovannino*, son petit Jean, mais grandi par la soutane longue et austère, mais transfiguré par l'auréole du sacerdoce ; elle le recevra à genoux, inclinée doucement sous sa première bénédiction.

Et Marguerite continua plus alerte et plus forte son devoir de chaque jour.

CHAPITRE VII

Le but se rapproche

CHIERI, 1831. — *Le Songeur.*

Après le gros bourg de Châteauneuf, Chieri est déjà la grande ville, riche de noblesse et d'histoire, fière de son héroïque passé. Les vestiges de ses vieux murs rasés, de ses cent tours démantelées, lui font une ceinture de gloire, souvenirs des luttes épiques du Moyen Age et des rancunes sanglantes de l'empereur incendiaire Barberousse.

Elle est restée la bonne ville de province, tranquille et recueillie à l'ombre de ses riches églises et de ses nombreux couvents. Son Séminaire, dépendance de celui de Turin, et son Collège royal tenu par les Dominicains, lui font un renom de science, et attirent une jeunesse choisie. A ses marchés renommés de vins, de céréales, et surtout de tissus, on vient de tout le Montferrat. D'importantes filatures font la richesse publique ; sous chaque toit, dans chaque famille, la chanson sonore des métiers multiplie l'honnête aisance et la joie de vivre ; elle assure le bon pain du jour et celui du lendemain.

Aujourd'hui Chieri n'a pas trop changé ; elle a gardé son air pacifique et vieillot. En belle lumière, dans sa plaine mollement inclinée, elle offre au soleil généreux ses terres fécondes et ses vignes opulentes. A quatre lieues de Turin, elle est séparée de la capitale par un épais rideau de vertes forêts que domine au nord le palais funèbre de Superga. Elle devient de plus en plus le pays des villégiatures reposantes et des pèlerinages pieux.

A cette époque, la vie du collégien n'avait rien des commodités de nos jours. Dans son brusque isolement, Jean Bosco dut subir des privations de toutes sortes.

Ouvrons ici les précieux Mémoires :

« Au collège de Chieri, on me fit entrer en sixième, car jusque-là j'avais étudié un peu de tout, mais sans ordre. Mon âge et ma taille me faisaient remarquer ; j'étais comme un pilier au milieu des petits élèves, et j'avais hâte de progresser. Le professeur me témoigna une grande bonté et me donna des leçons particulières. Après deux mois j'étais en tête de la classe, et je fus admis en cinquième. Je me mis au travail avec une nouvelle ardeur, et je fus bientôt le premier. Après deux autres mois on me fit passer en quatrième.

« Mon nouveau professeur était un homme de discipline. En voyant entrer dans sa classe au milieu de l'année un gros élève presque de sa taille, il laissa échapper une plaisanterie : « Celui-ci doit être une grosse taupe, ou un rare talent. — « Quelque chose entre les deux, répondis-je, un peu déconcerté ; c'est un garçon de bonne volonté qui veut bien travailler et faire son devoir. » Ma réponse lui plut, et il continua d'un ton plus affable : « Si vous avez bonne volonté, le travail ne vous manquera pas. Bon courage ! et comptez sur moi. » Je le remerciai de tout cœur.

« Après quelques semaines, un petit incident fit parler de moi.

« On expliquait ce jour-là la vie d'*Agésilas* dans *Cornelius Nepos*. J'avais oublié mon livre à la maison, et pour ne pas me faire remarquer je tenais en main la grammaire latine, tournant la page au hasard, et écoutant avec attention. Mes voisins s'en aperçoivent : l'un d'eux, plus espiègle, se met à rire, puis un autre ; bientôt le désordre est général. Le maître se fâche et, voyant tous les yeux fixés sur moi, m'ordonne de répéter la leçon. Je me lève alors, et, sans trop hésiter, je répète fidèlement la phrase latine et les explications données. A la fin, toute la classe pousse un cri d'admiration et applaudit. Quel scandale pour le professeur ! Il n'a jamais vu pareille indiscipline ; et quelle colère ! Il se précipite sur moi le bras levé, mais d'un mouvement de tête je puis esquiver le coup. Enfin, un élève lui révèle la chose : — « Bosco explique Cornelius sur sa grammaire latine ! » Stupéfait, le professeur veut continuer l'épreuve ; puis, à son tour, il dit tout haut son admiration :

— « Pour votre excellente mémoire, je vous pardonne votre oubli. Vous avez un don merveilleux ; faites-en toujours bon usage. »

A ces étonnantes ressources de la mémoire et de l'intelligence, venait ainsi s'ajouter une vertu secrète, une aide mystérieuse. Ce sera l'histoire de toute sa vie ; c'est déjà l'opinion de ses premiers condisciples qui ont rapporté des faits surprenants.

La veille d'un concours, Jean a un songe curieux. Au milieu de son sommeil il se voit en classe où le professeur a dicté une version latine. Pendant qu'il travaille à la traduire, quelqu'un se présente pour l'aider et le corriger. Le lendemain on donne précisément en classe la composition que Jean a faite en songe pendant la nuit. En un clin d'œil et sans dictionnaire, il a bientôt rédigé de mémoire son devoir avec les corrections indiquées ; le travail est parfait. Le professeur l'interroge et reste profondément étonné de ce fait étrange. La correction fut rapide, et le classement vite établi.

Une autre fois, Jean présente un devoir rédigé en quelques minutes. Le professeur parcourt la feuille avec attention et ne trouve aucune faute. Intrigué, il demande à voir le brouillon. Nouvelle stupéfaction ! La veille il avait préparé chez lui un long devoir pour ses élèves, mais en classe, faute de temps, il n'en avait dicté que la moitié. Or, voici qu'il le trouve tout entier sur le cahier de Jean, sans une syllabe de plus ni de moins. Comment expliquer cette étrange coïncidence?

L'élève lui répond ingénuement : — « Je l'ai vu en songe. » Pendant son sommeil, il avait vu le devoir tout entier, et l'avait transcrit avant de venir en classe.

Tous ces faits, et tant d'autres, excitaient autour de lui l'admiration et la stupeur. Avec cette emprise que le surnaturel exerce sur les âmes, Jean était entouré d'estime et de respect. Sans humeur ni jalousie, ses camarades l'avaient surnommé *le Songeur*, comme autrefois les fils de Jacob appelaient leur frère Joseph.

Les Songes de Don Bosco ! C'est un côté merveilleux de sa vocation et de toute sa vie.

Au début, il se méfiait de son imagination. Son confesseur, le Bienheureux Cafasso le rassura : « Restez tranquille, et allez de l'avant. » Bientôt il remarqua leur réalisation surprenante : « Alors, dit-il, je n'hésitai plus à croire que ces Songes ne fussent des avis du Seigneur. »

La « Joyeuse Union ».

A dix-huit ans, Jean est un beau jeune homme. Sa piété joyeuse, son caractère franc lui ont gagné l'estime de tous. Au milieu de cette jeunesse turbulente de Chieri son influence se développe. Sa maîtrise de soi devient maîtrise des autres par l'union harmonieuse d'une sagesse clairvoyante, d'une initiative facile, d'une volonté qui ose tout pour le bien. Il devient moniteur et conseiller ; on l'établit juge et pacificateur dans les discussions. Dans ces pays de sauces piquantes et de vins pétillants, ce n'est pas une sinécure !

Il est aussi gai compagnon, avec une pointe d'esprit qui ne gâte rien chez les jeunes gens bien élevés. On recherche sa compagnie, car il est aimable, enjoué, bon causeur ; il a des tours intéressants, de ravissantes histoires. Ce sont les charmantes scènes renouvelées de Murialdo et de Châteauneuf. On vient à lui sans effort, avec aisance, car il charme et il attire. Il organise, il commande, il dirige : c'est un chef.

En ce temps-là se crée autour de lui un groupement qui n'est pas banal, d'allure pieuse et chevaleresque ; il en est l'instigateur ; c'est la *Joyeuse Union*. Le titre est suggestif et il plaît. Point de cotisation ; chacun s'engage à contribuer à la gaîté commune ; jeux et récréations, conversations et livres, on est à l'affût de tout. La devise, c'est la guerre à la tristesse et à tout ce qui trouble la joie du cœur et la paix de l'âme ; donc guerre au péché, guerre aux défauts, et à tout ce qui déplaît à Dieu. Les blasphémateurs et les mauvaises langues sont chassés aussitôt.

Le règlement n'est pas long. Deux articles inspirés par Jean forment le code de cette jeunesse de bonne volonté : « Les membres de la Joyeuse Union promettent d'éviter tout acte et toute parole indigne d'un bon chrétien. — Les membres de la Joyeuse Union sont fidèles à remplir leurs devoirs d'écoliers et leurs devoirs religieux. » C'est clair et concis comme la pensée qui a créé les formules.

Le groupe a sa vie organisée. Les dimanches et jours de fête, après la réunion de la Congrégation au Collège, on assiste en groupe au cours de catéchisme des Pères Jésuites à Saint-Antoine. En semaine, il y a une réunion intime chez l'un des membres : causerie édifiante ou lecture pieuse, bons conseils et remarques mutuelles pour la correction des défauts, récitation du chapelet. Au départ, on prend rendez-vous à quelque office, à une prédication, très souvent au confessionnal et à la Table sainte.

Le chef veillait au bien des membres. Élargissant son action, aux jours de fête et de congé, il s'occupait de ses camarades pour les garder de l'oisiveté et des compagnies mauvaises. Il leur préparait des jeux, les amusait à ses tours de physique, les conduisait en promenade. Les collines voisines et leurs forêts étaient propices aux courses folles et aux parties bruyantes. Pour certaines fêtes, on partait de grand matin en pèlerinage à Superga.

Mais le clou, c'était la promenade à Turin, et la

visite au fameux « cheval de bronze » de la place Saint-Charles, et au « cheval de marbre » du Palais Royal, deux chefs-d'œuvre récents. On partait de Chieri de bonne heure en chantant, comme à la conquête d'un monde. Au débouché sur les hauteurs, la féerie du paysage était un enchantement. L'immense plaine du Piémont s'ouvre à perte de vue, coupée par les deux rubans irréguliers du Pô majestueux et de la Doire capricieuse. La capitale déploie le luxe de ses palais et de ses monuments, les arceaux de ses portiques, les lignes impeccables de ses rues, la verdure régulière de ses boulevards ; au loin, vers l'ouest, la blanche et interminable route de France ; au fond, la barrière des Alpes aux neiges éclatantes, avec les teintes variées de leurs vallées profondes.

Après la halte reposante ils entraient dans Turin, éblouis et gauches. Les bagages n'étaient pas lourds : un morceau de pain en poche ; pour midi, quelques sous permettaient de compléter le menu ; une fontaine donnait la boisson à volonté ; et l'on dînait de solide appétit. Le petit groupe ne manquait pas son pèlerinage au Saint-Suaire et à la Madone de la Consolata. Ils flânaient un moment devant les étalages, faisaient quelques menues emplettes, s'extasiaient encore une fois devant les chevaux légendaires puis reprenaient joyeux le chemin des monts.

Sur la hauteur, une dernière halte laissait admirer le nouveau paysage : la ville resplendissante au soleil couchant, la plaine perdue dans la buée du soir ; à gauche l'imposante et sombre pyramide du mont Viso, à l'horizon la dentelle d'or des Alpes faisant au tableau un cadre éblouissant. Puis on redescendait vers Chieri d'un pas alerte, cadencé par quelque refrain.

La crise intérieure.

A cette, heure notre grand élève de troisième est en pleine fleur de vie rayonnante et de jeunesse épanouie. Son apostolat s'élargit, son action se fait plus pénétrante et plus féconde. En classe il tient les premiers rangs ; ses examens lui valent les éloges et les faveurs de ses maîtres, comme en témoignent encore les registres. Nous y relevons à son honneur un beau témoignage : Pour ses notes, qui étaient les meilleures, Jean Bosco a été dispensé chaque année de la taxe supplémentaire scolaire de douze francs. C'était une remise bien placée.

Cependant, une drame intérieur le tourmente ; son âme est en pleine crise. Le souci de l'avenir le travaille ; il est inquiet sur la route à prendre. Le Songe de Murialdo a de grandioses et lumineuses promesses, il a aussi des coins d'ombre déconcertants.

Jean se sent appelé ; c'est l'ordre de la céleste Dame. Mais en est-il resté digne? En face des sublimités du sacerdoce il est épouvanté ; au souvenir de son néant et sa misère, il a des heures de doute. Et il n'a personne pour lui dire : Marche quand même ! Il n'a que la vision répétée d'un songe lointain, une illusion peut-être !

Son confesseur manque de décision. Il parle de perfection chrétienne ; il ne veut pas s'occuper de vocation. Les récits du songe le dépassent, et la vocation religieuse l'épouvante. Il se débarrasse des solutions par une formule d'un empirisme facile :

— Dans l'affaire de la vocation, dit-il, chacun doit suivre son inclination, et non les conseils d'autrui.

Le brave homme devait avoir peur des responsabilités.

Autre problème pour Jean. Par quel sentier s'engager ? Sera-t-il prêtre séculier comme son père toujours aimé, Don Calosso ? Comme le jeune Don Cafasso dont la piété le charme et dont la sainteté l'attire ? Sera-t-il Dominicain, comme ses maîtres savants et dévoués ? Sera-t-il Franciscain, comme ces religieux dont la vie austère fait l'édification de Chieri et dont le zèle a conquis son âme ?

« Le Songe de Murialdo, écrit-il, était toujours devant mes yeux et il s'était renouvelé plusieurs fois en visions précises. J'éprouvais un doux attrait pour l'état ecclésiastique ; mais pouvais-je aller de l'avant sur la foi d'un songe et me sentant dépourvu de tant de vertus nécessaires ?

« Dans le clergé séculier je prévoyais de grands dangers. A consulter mes goûts, j'aurais renoncé au monde pour entrer au couvent et me livrer à la méditation et à l'étude. Dans la solitude je pourrais mieux corriger mes défauts, et combattre mes passions, surtout l'orgueil qui avait jeté en moi de profondes racines. » L'année scolaire se termina sur cette note douloureuse.

Il restait à Jean le recours au conseil maternel.

Maman Marguerite l'avait toujours laissé libre sur son choix de vie ; elle abandonnait la chose à Dieu seul. Elle avait le cœur trop généreux, pour chercher son intérêt dans la vocation de son fils. Jamais elle n'avait caressé la pensée, si tentante pour tant de mères pieuses, d'avoir auprès d'elle « leur petit prêtre », de vivre auprès de lui leurs derniers jours, dans la douce atmosphère d'un presbytère pacifique et béni. La vaillante femme a déjà bien travaillé ; elle travaillera encore ; la santé reste bonne, et le courage est intact.

Pendant les vacances, les questions de Jean se firent plus pénétrantes. Il aurait tant voulu deviner sous l'enveloppe des mots, sous le voile du sourire, sous la flamme du regard, sous l'inflexion de la voix, la pensée de sa mère. Marguerite, qui ignore encore le pieux secret, se contente de répondre sur un ton clair, précis, où l'on sent toute sa volonté et tout son cœur :

— « Ta mère n'attend qu'une chose de toi, mon Jean, le salut de ton âme. »

Alors, après avoir longuement prié et réfléchi, après la lecture d'un ouvrage sur le choix d'un état de vie, il se décida à entrer chez les Franciscains.

Au couvent de Chieri on le connaissait bien. Voyant ses riches qualités, en devinant de plus précieuses, les bons moines lui avaient fait des avances.

C'était la solution heureuse pour le jeune aspirant sans ressources. Mais était-ce la voie de Dieu?

Entre temps, le 4 août 1833, à dix-huit ans presque sonnés, Jean reçut le sacrement de Confirmation à Buttigliera où l'archevêque de Sassari était de passage.

A quelques jours de là, le 22 septembre, le bienheureux Cafasso célébrait sa première messe à Châteauneuf. La fête eut bel éclat dans la paroisse natale, et Jean fut profondément ému à cette apothéose du sacerdoce qui était dans ses rêves, au triomphe du nouveau prêtre qu'il vénérait tant.

La réponse de Dieu.

Pour être admis chez les Franciscains, il y avait des pièces à prendre à la cure de Châteauneuf. Don Dassano entra le premier dans le secret de Jean. Il ne le garda pas pour lui. Pouvait-il se résigner à perdre un jour son enfant de prédilection? Ne devait-il pas garder au pays cette âme chargée de promesses? Un matin de décembre, il vint trouver Marguerite. Il lui parla des projets de Jean, de ce fils qui avait de si riches talents, un si bel avenir, qui faisait tant de bien dans la paroisse.

— « Vous n'êtes plus jeune, et vous n'êtes pas riche, concluait-il. Si Jean entre au couvent, il ne pourra plus rien pour vous. C'est dans votre intérêt que je parle ; il faut le faire changer d'idée. »

Marguerite remercia. Elle avait aussi son idée, une idée magnanime que Don Dassano ne soupçonnait pas. Le soir même elle était à Chieri.

Ici se passe une scène mémorable, immortelle, digne du plus beau pinceau. La mère et l'enfant vont décider de leur avenir, de leur vie. Ce n'est pas le colloque et la vision mystique d'Ostie, chargée de rayons et de joies célestes. C'est un regard profond, lointain, sur de dures réalités, sur des perspectives de luttes, de souffrances, de sacrifices à la suite du Maître qui a dit : « Bienheureux les pauvres ! » Leurs âmes ont des résonnances sublimes ; leur devoir, ils l'embrassent tout entier.

La mère parla la première.

— « J'ai appris que tu veux quitter le monde et te faire religieux.

— « C'est vrai, maman ; et j'ai confiance que vous ne vous y opposerez pas.

— « Je ne désire qu'une chose, tu le sais : avant tout le salut de ton âme. Réfléchis sérieusement, et suis ta vocation, sans t'occuper de personne. On voudrait que je te dissuade, car je pourrais avoir besoin de toi plus tard. Mais je ne veux pas me mettre entre toi et la divine volonté. Ne te soucie pas de moi. De toi je ne veux rien, de toi je n'attends rien. Dieu avant tout. »

Quel sens chrétien et sacerdotal ! et quelles graves paroles ! Sacrifice réciproque et généreusement accepté ; séparation douloureuse dont Dieu sera le trait d'union.

Puis la généreuse mère termine par cette déclaration à proposer à toutes les mères de prêtres, à toutes les mères chrétiennes :

— « *Sache-le bien ; je suis née pauvre, j'ai vécu pauvre, je veux mourir dans la pauvreté. Si, un jour, dans le clergé séculier, tu avais le malheur de devenir riche, je ne mettrais plus les pieds chez toi !* »

Quel grand cœur et quelle noblesse de foi chez l'humble paysanne de Châteauneuf ! Ses paroles, son geste, son regard, firent si forte impression sur l'âme de Jean, que, cinquante ans après, aux dernières heures de sa vie, en rappelant l'inoubliable scène, Don Bosco en pleurait d'attendrissement.

Vers Pâques 1834, tout est prêt pour l'entrée de Jean chez les Franciscains, au couvent de la Paix à Chieri. Le 18 avril il a subi l'examen ; on lui a reconnu « toutes les qualités requises », on lui a donné « tous les suffrages ».

Tout à coup un nouveau songe vient jeter le trouble et l'hésitation dans son âme.

Mais voici la réponse. A Châteauneuf, tandis que

Jean faisait avant le départ les derniers préparatifs, un ami attristé lui demanda : « Avez-vous consulté Don Cafasso ?

Ce fut un trait de lumière pour notre jeune homme. Au premier jour libre, il est à Turin à la maison Saint-François-d'Assise.

Don Cafasso sera plus tard le voyant aux yeux d'aigle, le conducteur d'âmes aux décisions sûres et recherchées. Il inaugure aujourd'hui auprès de Jean Bosco sa mission providentielle. Ce regard fut profond, comme s'il voyait la mission future. La réponse fut claire ; Jean ne devait pas entrer chez les Franciscains.

— « Continuez vos études. Puis vous irez au séminaire, et les plans de la Providence se montreront à vous. »

Ces plans se précisent en effet. Le songe des Becchi, disent les Mémoires, se renouvela à dix-neuf ans. Cette fois la vision lui monte un mystérieux personnage, vêtu de blanc et resplendissant de lumière, suivi d'un groupe innombrable d'enfants.

— « Approche-toi, mets-toi à leur tête, et sois leur guide. »

Le jeune homme s'effraie ! Comment diriger cette multitude ? Mais l'auguste personnage prend un ton et un geste impérieux.

Et Jean obéit.

CHAPITRE VIII

Jeunesse rayonnante

Le pieux humaniste.

A cette époque, le Serviteur de Dieu, dans la belle fleur de sa jeunesse, se fait une vie rayonnante d'esprit, de grâce et d'entrain. Ses succès en classe sont de plus en plus remarqués. Une facilité extraordinaire lui permet d'élargir son champ d'études. Au dehors il continue son bel apostolat ; il donne des répétitions, il s'occupe de ses petits enfants, du patronage toujours prospère, et de sa Joyeuse Compagnie.

« J'avoue, écrit-il, que j'aurais pu étudier davantage. Mais il me suffisait d'écouter en classe pour tout apprendre. Lire et retenir étaient pour moi la même chose, et je pouvais répéter sans peine ce que j'avais une fois lu ou entendu. Aux Becchi j'étais habitué à un sommeil fort court ; je pouvais sans difficulté consacrer à l'étude les deux tiers de la nuit. Les journées étaient libres pour mes répétitions et mes leçons particulières.

« Chez un libraire de Chieri j'étais abonné à la lecture, à un sou le volume. Il m'arrivait parfois de lire un livre par jour. En seconde ce fut la série des auteurs italiens ; en rhétorique, les classiques latins, de Cicéron à Tacite, de Virgile à Horace. Une fois, l'heure du lever m'a surpris tenant en main l'histoire de Tite-Live commencée la veille. »

Cette soif d'étude ne lui fait pas oublier ses œuvres de zèle.

C'est merveille de voir toute une jeunesse s'attacher à sa parole et à ses pas. Au rendez-vous fixé sur le pont à l'entrée de Chieri, il est attendu avec impatience ; à son arrivée le petit monde lui fait fête. S'il tarde à venir, les regrets sont unanimes. Les mamans n'ont pas de punition plus sévère que de priver leurs enfants de la compagnie et des jeux de Bosco.

Les Mémoires nous révèlent le secret de ces étonnants succès. « Tout en me livrant à mes études, écrit-il, je cultivais le chant, la musique et la déclamation. Avec cela je connaissais une foule de jeux, et sans être une célébrité j'y réussissais passablement. Dans le pré des Becchi, je n'étais qu'un humble élève ; à Chieri j'étais devenu un maître recherché, et je donnais des séances publiques.

« Mon heureuse mémoire me servait à merveille. Je savais par cœur la plupart des classiques, les poètes surtout. Les plus beaux passages de Dante, de Pétrarque, du Tasse m'étaient familiers ; je pouvais les débiter comme un travail personnel ; et mon auditoire était ravi de ces improvisations. Les séances avaient ainsi leur joli succès avec un programme varié. Je chantais, je jouais de quelque instrument, je composais des vers que tous s'empressaient d'applaudir, mais qui n'étaient souvent qu'un passage classique plus ou moins adapté. Mes manuscrits passaient prudemment au feu.

« Chose curieuse, à force de cultiver rimes et cadences, j'en vins par habitude à faire des vers sans le vouloir. Plus tard, quand je commençai à prêcher, on me le fit remarquer. Et je dus me surveiller pour corriger ce défaut. »

Relevons encore ce délicieux petit trait.

A cette époque de renaissance littéraire, la jeunesse des écoles était en crise poétique ; c'était l'heure des premiers triomphes romantiques et des succès de Manzoni. A Chieri on cultivait les Muses : tout bon humaniste devait être un peu poète ; le ciel était complice avec sa lumière splendide, ses paysages éclatants, ses nuits limpides.

Jean Bosco ne fut jamais un rêveur. L'éducation maternelle et les âpres leçons de la vie l'avaient enrichi de qualités plus solides. Il excellait pourtant à tracer une épigramme, ou à ciseler un sonnet. Il avait lui aussi son trésor littéraire et poétique. Un jour, un compagnon indélicat s'empare de son cahier, y prend un sonnet récemment mis à jour, et, après avoir changé quelques mots, le fait circuler sous le manteau dans le petit groupe de ses intimes. Pendant qu'il savourait délicieusement les éloges, la pièce de vers vint à tomber entre les mains de l'auteur. Sans s'offenser du procédé mauvais, Jean replie soigneusement la feuille, et la fait retourner à l'envoyeur avec une fine épigramme au-dessous de sa signature : « Ne puise pas, meunier malin, ton blé dans le sac du voisin. »

Le vaniteux plagiaire comprit la leçon, et le sonnet volé n'eut pas d'édition nouvelle.

L'élégant athlète.

Si un jour nos équipes sportives cherchent un patron et un modèle, Don Bosco pourra leur être proposé. Dans sa belle jeunesse, il fut un athlète brillant ; comme nos as et nos champions, il fut le favori acclamé ; il eut son jour de gloire. Parmi tous ses succès sportifs, celui de Chieri eut un singulier éclat.

Un saltimbanque occupait depuis quelque temps toutes les gazettes à la suite d'un succès public. A son habitude, la jeunesse portait aux nues cette nouvelle étoile.

Le dimanche, il y avait un programme plus attrayant et promesse de jeux toujours plus beaux. Les enfants accouraient en foule et oubliaient l'office du soir. Jean essaya les remontrances à son petit monde : Peine perdue ! Allez donc retenir le vent qui passe ! Il fit demander au charlatan de suspendre ses jeux pendant les offices. Le mécréant se mit à rire, et, piqué dans son orgueil et dans sa sotte suffisance, il lança un défi public à toute la jeunesse du collège.

Dans la pacifique cité, ce fut un événement. Les étudiants, gens susceptibles, en firent une affaire d'honneur : il fallait relever l'insulte et battre le provocateur. Tous les espoirs se portèrent sur Bosco ; le chef de la Joyeuse Union était en bonne forme pour soutenir les couleurs du collège. Par bonté il céda au désir de tous. C'était encore pour lui un moyen d'accroître son influence, et surtout de faire cesser un scandale nuisible à ses petits enfants.

Il se déclare prêt à se mesurer avec le charlatan, à la course, au saut, à tout autre tour de gymnastique ; la jeunesse applaudit son champion. Au jour marqué, les métiers ont fait silence ; tout Chieri se presse près de la porte de Turin pour assister à la lutte ; on doit débuter par une course de vitesse. Les arbitres sont choisis ; l'enjeu est fixé à vingt francs et quelques amis font les avances.

Jean enlève sa veste, fait le signe de la croix, et se recommande à la Madone. Au signal donné, nos deux coureurs s'élancent. D'un bond splendide, le rival a pris de l'avance, une agilité remarquable semble le favoriser. Mais derrière lui l'allure de Jean est puissante, soutenue, accélérée ; notre jeune gars aux jarrets solides gagne du terrain, il a bientôt rejoint et dépassé son concurrent ; à mi-chemin, le charlatan abandonne la lutte et se déclare vaincu.

— « Je te défie au saut, dit-il avec mauvaise humeur ; et pour le plaisir de te voir tremper dans le fossé, je mise quarante francs. »

Près de là, le canal coule à plein bord ; on choisit l'endroit le plus large. L'épreuve est délicate et demande à être bien mesurée sous peine de culbute désastreuse, car l'eau courante baigne presque le mur d'en face laissant à peine un peu de terre pour mettre le pied. Le charlatan saute le premier. D'un bond magnifique il atteint l'autre rive, jusqu'au pied du mur ; et il doit se retenir à un arbre pour ne pas tomber en arrière. Que va faire Bosco ? il semble impossible de faire mieux et de sauter plus loin. Tout le monde est en suspens, un peu inquiet même. Mais notre ami se tira d'affaire de façon surprenante, car il excellait au jeu du saut de mouton. A son tour il prend un vigoureux élan, atteint le mur d'en face avec les mains, le franchit d'un coup de rein solide, et va tomber deux mètres plus loin. A cette prouesse inattendue répondent des applaudissements unanimes.

Le bateleur n'est pas en veine aujourd'hui. Il cache cependant son dépit.

— « Je te défie au tour d'adresse, crie-t-il avec dédain, celui que tu voudras ; je parie quatre-vingt francs. »

Jean choisit la baguette magique. Il prend une

baguette, la coiffe d'un chapeau, la pose en équilibre sur la paume de la main, puis le long du bras, sur le coude et l'épaule, puis sur le menton, le nez, jusque sur le front ; enfin, avec une dextérité étonnante, il la fait revenir par le même chemin au point de départ.

— « Je n'ai pas peur de perdre, dit le charlatan ; c'est mon jeu favori. »

A son tour, il prend la baguette, et la fait courir habilement sur les doigts, sur le bras et jusqu'au menton. Mais notre homme avait le nez trop long ; il mesure mal son coup ; un choc se produit ; la baguette tombe, et avec elle bien des espérances.

Cette fois l'assistance devient bruyante et ne ménage plus ses éloges à l'heureux vainqueur, ses plaisanteries moqueuses à l'infortuné charlatan. Le pauvre homme entre en fureur, et il s'entête :

— « J'accepterai d'être battu, mais jamais par un collégien. Il me reste cent francs : ils seront à celui de nous deux qui mettra les pieds le plus haut sur la cime de cet arbre », et il montre un des ormes qui bordent la route.

On accepte encore, par pitié pour lui. Personne ne veut sa ruine ; on lui souhaite un petit succès de consolation.

Il grimpe le premier, léger et rapide ; de branche en branche il atteint bientôt le plus haut sommet ; la tige vacillante va se briser et précipiter dans le vide l'audacieux acrobate. On applaudit son courage ; on le proclame déjà vainqueur.

— « Cette fois, tu as perdu », disait-on à Jean.

Mais Jean ne manque ni de courage, ni d'audace ; et il a son idée. Sans hésiter il attaque lestement l'ascension ; le voici bientôt au bout, presque à la hauteur déjà atteinte. On le voit alors faire un mouvement peu banal ; se tenant par les mains aux branches assez fortes, il lance hardiment son corps en arbre droit, et par-dessus la cime de l'orme, ses pieds dépassent de près d'un mètre le record de son concurrent.

La victoire est brillante et inattendue. Comment décrire l'enthousiasme de la foule? On acclame bruyamment le vainqueur favori, et on le porte en triomphe. Dans un coin, le saltimbanque fait piteuse mine ; son nez semble s'être encore allongé : honneur, travail, argent, tout est perdu ! Il n'a plus qu'à disparaître sans bruit !

Mais Jean et ses amis sont bons enfants ; ils veulent profiter de leur victoire de façon courtoise. On propose au vaincu de payer un dîner à toute la bande ; à cette condition il retrouvera sa fortune. En ces temps heureux, on pouvait festoyer honnêtement pour quarante sous. Tout se termina par un joyeux banquet à l'auberge du Mulet : le charlatan versa une quarantaine de francs, et en remit deux cents dans sa poche. Puis il partit la tête un peu basse et pour ne plus revenir.

Mais on se sépara sans amertume, en lui souhaitant meilleure chance ailleurs.

La conversion du Juif.

A voir notre héros si ardent au jeu, si prompt à relever un défi, on pourrait croire qu'il était libre d'allure et qu'il manquait de réserve.

Jean reste digne dans son maintien, sobre de gestes, de paroles, de regards. C'est un parfait jeune homme, cultivé sans raideur, aimable sans dissipation. Il porte la simplicité dans sa démarche, la pureté dans ses yeux clairs, la bonté dans son franc sourire. On sent le travail sérieux de la réflexion et de l'effort ; on devine l'action profonde de la grâce.

A soixante-dix ans, ses condisciples qui le retrouvaient à Turin, s'écriaient en sortant de sa chambre, rendez-vous du monde entier : — Il n'a pas changé ; c'est toujours le joyeux camarade de Chieri.

Jean était bon ; on recourait à lui pour un service, un conseil, une leçon, une explication. Son exquise charité aimait à rendre service à tous, à tous sans exception.

Il y avait dans sa classe plusieurs juifs embarrassés pour leur travail du samedi. Leur loi le défendait, mais en classe ils étaient tournés en dérision. Pour leur éviter d'agir contre leur conscience, Bosco leur communiquait chaque fois les devoirs et les explications données. En retour ils lui vouèrent une amitié fidèle ; et l'un d'eux se convertit. C'était un jeune homme de dix-huit ans, il s'appelait Jonas.

La jolie histoire mérite d'être contée.

Un voisin de Murialdo était venu ouvrir un café à Chieri. Jean y fut admis, nourri et logé tant bien que mal. Entre deux classes et pendant les longues soirées, il aidait au service, ou marquait les points au billard. Sa présence arrêta souvent la plaisanterie grossière sur les lèvres des joueurs et des clients.

Jonas venait souvent au café Pianta : car il aimait la musique et le billard. Son âme droite s'attacha à celle de Jean ; il avait des manières douces, une conversation facile, une voix agréable. Ensemble ils passaient de bons moments auprès du piano, ou dans un coin de la salle, en lectures et causeries sérieuses.

Une fois Jonas se trouva mêlé à une discussion malheureuse, à une rixe violente qui pouvait avoir de pénibles conséquences. Très inquiet, il vint confier sa peine à son ami :

— « Mon cher, lui dit Jean, si tu étais chrétien, je te mènerais d'abord à confesse ; mais cela n'est pas possible.

— « Pourquoi non? Nous allons aussi nous confesser si nous voulons.

— « Oui, mais chez vous, quelle différence! Vos prêtres n'administrent pas de sacrement, ils ne remettent pas les péchés, ils ne sont pas tenus au secret.

— « Si tu veux, j'irai avec toi trouver un prêtre catholique.

— « Il faut d'abord être baptisé, et pour cela étudier la religion chrétienne et croire en Jésus-Christ.

— « Est-ce que les Juifs ne peuvent pas se sauver?

— « Non, mon ami; Jésus-Christ est mort pour racheter tous les hommes ; les juifs ne peuvent plus être sauvés sans croire en lui. »

Par raison autant que par amitié, le brave Jonas se laissait convaincre ; mais les perspectives de l'avenir pouvaient bien encore le faire reculer. Malheur à lui si on apprend à la maison qu'il veut se faire chrétien ! Mais Jean trouve dans sa foi courageuse une crâne réponse :

— « Pourquoi craindrais-tu? Dieu est le maître des cœurs. S'il t'appelle à la religion chrétienne, il saura t'obtenir le consentement de ta famille, ou du moins te donner le moyen de sauver ton âme.

— « Mais toi qui m'aimes tant, que ferais-tu à ma place?

— « Je me mettrais tout de suite à étudier le catéchisme. Commence par là ; et prie Dieu de t'éclairer. Il te montrera ta voie. »

Dès ce jour les parties de billard furent plus rapides ; les causeries, les discussions religieuses prirent plus d'importance. Jonas aima tout de suite les croyances et les pratiques de son saint ami. Son âme s'ouvrait à une joie ineffable, sa vie se faisait chaque jour meilleure. Jean priait et remerciait Dieu.

Mais l'orage éclata ! La mère de Jonas trouva le catéchisme oublié sous le traversin. Grande fut la colère et l'indignation chez la juive de vieille souche et de fanatisme aigu ! Dans sa fureur elle porte le petit livre au rabbin, et d'un trait se précipite chez Jean pour lui reprocher en termes amers d'avoir trahi l'amitié et perdu son fils.

Le Serviteur de Dieu supporta vaillammant l'épreuve pour le salut de son cher ami. Et le pauvre Jonas eut fort à souffrir : reproches, menaces, violence même, tout fut employé contre lui par sa mère et par toute la famille, à l'instigation du rabbin. Mais il resta ferme devant tous les assauts. Il quitta même la maison où sa vie était en péril dans le ressentiment haineux de son entourage. Il affronta courageusement les privations pour pouvoir continuer son instruction religieuse et voir aboutir son cher projet.

De bonnes âmes lui vinrent en aide. Un prêtre prit l'affaire en main, et bientôt tout fut prêt. Le baptême eut lieu en grande solennité, et ce fut une pieuse édification pour tout Chieri. Les Juifs s'apaisèrent ; dans la suite, gagnés par l'exemple, plusieurs autres se convertirent.

Quant à Jonas, toute sa vie il resta fidèle à son bienfaiteur. Cinquante ans après, vers 1880, on le voyait encore à Turin apporter à Don Bosco son souvenir pieux et reconnaissant.

Le Magicien.

Jean Bosco mène d'un bon train ses études, son apostolat, toute sa vie. C'est un rhétoricien plein de verve ; son caractère gai le fait accueillir partout avec brio ; au collège, au milieu des enfants, il a les plus francs succès. Ses jeux, ses tours de physique sont de plus en plus variés et étonnants. Un jour, de bonnes âmes l'accusèrent de complicité avec le diable ; et ce fut une grosse affaire !

Cette année-là il logeait chez Thomas Cumino, tailleur et maître de pension ; Don Cafasso, ancien de la maison, lui avait obtenu des conditions plus douces.

Maître Thomas avait trois qualités : il était bon chrétien, il soignait bien ses enfants, et il avait joyeuse et plaisante humeur. C'est tout ce qu'il fallait à notre gent écolière. Dirons-nous qu'elle n'en abusa pas? Avec Bosco il y avait chaque fois un nouveau tour plus étrange.

Certain jour de fête, Thomas avait apprêté un superbe poulet à la gelée pour régaler ses pensionnaires. Mais quand il découvre le plat sur la table, ce n'est plus du rôti ; c'est un coq bien vivant qui s'échappe avec un joyeux cocorico pour narguer les convives. Une autre fois il avait fait cuire une copieuse marmite de succulents macaronis, mais quand il veut les verser dans le plat, il ne trouve que du son bien sec. Souvent dans la bouteille l'eau se change en vin ; dans son porte-monnaie il trouve des pièces de fer blanc ; ses lunettes disparaissent et reviennent par enchantement. Thomas était abasourdi et intrigué. Plus il étudiait la chose, moins il la comprenait ! — Jean avait parié un jour de faire apparaître une clef que l'on avait laissée dans un autre appartement ; quand la soupe est servie, la clef se trouve au fond de la soupière.

Le brave homme savait encore un brin de catéchisme et il concluait : les hommes ne peuvent pas faire ces choses-là ; le bon Dieu ne perd pas son temps à ces bagatelles ; donc, c'est le diable qui opère ! Il eut d'abord la pensée de congédier Jean ; mais il voulut auparavant en parler à un prêtre du voisinage.

— « Monsieur l'abbé, je viens pour une affaire sérieuse. Je crois que j'ai chez moi un magicien ! »

Et il raconta longuement les choses les plus étranges, tout ce qu'il avait vu, tout ce qu'il avait cru voir, tout ce qu'il soupçonnait. Le réquisitoire parut si chargé que, devant les responsabilités, on décida de porter l'affaire au jugement de l'archiprêtre de la cathédrale, un vieux chanoine prudent et sage. Le sacristain, ami de Jean, essaya en vain de se faire son avocat ; il fut chargé de convoquer l'accusé en examen canonique.

Au courant de tout, Jean se présente avec assurance, et poliment. L'archiprêtre a transformé son bureau en tribunal, mais le procès se tiendra sans témoin. Et tout de suite commence un interrogatoire en règle, d'abord sur le catéchisme : le jeune homme répond à tout, réprimant avec peine un sourire par respect pour son vénérable inquisiteur. Sur sa vie, ses travaux, ses relations, il donne sans hésiter des explications nettes et franches. Le juge, étonné, ne reconnaît aucune trace de malice ou de tromperie. Cependant, il n'est pas encore satisfait. Tout à coup il se fait sérieux et sévère pour intimider et arracher les aveux.

— « Mon ami, on me rapporte sur votre compte des choses extraordinaires. On me dit que vous devinez la pensée des autres, que vous connaissez ce qui se passe à distance, que vous faites voir blanc ce qui est noir et noir ce qui est blanc, et bien d'autres choses encore. D'ou vous vient cette science? Qui vous l'a apprise? Chose plus grave encore, on dit du mal de vous ; on vous accuse de rapports avec les démons ! »

Puis, sur un ton paternel et bienveillant : « Ayez confiance, mon enfant, dites-moi tout ; je ne m'en servirai que pour votre bien. »

Jean a gardé jusqu'au bout son calme.

— « Monsieur le chanoine, lui dit-il, je vous demande cinq minutes pour répondre. Pourriez-vous me dire quelle heure il est?

Le chanoine veut prendre sa montre ; sa montre a disparu !

— « Pourriez-vous me donner une pièce de cinq sous ? »

Le chanoine cherche dans toutes ses poches ; le porte-monnaie a disparu !

— « Ah ! coquin, c'est trop fort ! s'écrie-t-il tout en colère. Tu m'as déjà volé ma montre et mon porte-monnaie. En vérité tu fais l'œuvre du démon, ou c'est le démon qui fait ton œuvre. Je vais parler moi aussi et te dénoncer. Tu mériterais d'être chassé d'ici à coups de bâton ! »

A ces invectives furibondes, Bosco ne répond pas. Le chanoine se calme enfin et l'on s'explique.

— « Monsieur l'archiprêtre, dans ces sortes d'affaires il suffit d'un peu d'adresse, ou d'un truc préparé d'avance, ou d'un compère bien entendu. Ici, la chose a été bien simple ; vous allez voir. Quand je suis entré, vous veniez de faire l'aumône à un pauvre que j'ai rencontré à la porte, et vous avez laissé votre porte-monnaie sur le prie-Dieu. En passant dans votre bureau, vous avez oublié votre montre sur la table du vestibule. Derrière vous j'ai pris les deux objets sans bruit ; et les voici retrouvés sous ce chapeau de lampe.

Le procès est gagné, et se termine sur un éclat de rire.

La sainte amitié de Louis Comollo.

Dans le travail de perfection que le Serviteur de Dieu poursuit de façon énergique, sa vertu se fait plus solide, son humilité plus profonde, son zèle plus ardent, non sans quelques retours de caractère qui laissent deviner la lutte ardente et le violent combat intérieur.

Voici pour lui du secours. Dieu lui envoie un ami précieux, l'angélique Louis Comollo.

Comollo fut un émule de saint Louis de Gonzague, un héros de mortification et de pureté. Douce et pacifique figure, marquée pour le ciel ; il s'en ira à vingt-deux ans en plein printemps, comme son saint Patron. Il laissera au grand séminaire de Chieri une traînée mystique, un parfum de lys qui embaume encore.

Il est ici en bonne place : c'est un beau et fervent modèle de vocation, et de fidélité à la grâce. Résumons quelques édifiantes pages des Mémoires :

« Au début de l'année de rhétorique, je remarquai un nouvel élève plein de modestie, de politesse et d'affabilité. Mon étonnement s'accrut en voyant sa ponctualité en classe et son exactitude dans tous ses devoirs. Un fait curieux me le fit connaître mieux encore.

« C'est l'habitude chez les écoliers aux premiers

instants de la journée, avant l'appel de la cloche et l'arrivée du maître de se livrer à leurs jeux avec une ardeur exubérante. Pour les moins laborieux, c'est le moment favori ; ils n'en perdent pas une seconde. Le nouvel élève était invité à jouer aussi ; il refusait toujours, prétextant sa maladresse, et il continuait d'étudier. Un camarade grossier veut un jour l'arracher de force à ses livres et l'entraîner ; il le bouscule violemment, et finit par lui donner une gifle retentissante. A ce spectacle je frissonnai. Qu'allait faire l'offensé ? Il était plus grand, la vengeance était facile. Tournant vers l'insulteur son visage pâle où les doigts méchants avaient laissé leur empreinte, il lui dit d'un ton très calme :

— « Si maintenant tu es satisfait, tu peux t'en aller en paix ; pour moi je suis content, et je t'ai pardonné.

« C'était Louis Comollo. Il faisait ses humanités ; il était d'un cours après moi, mais nous étions dans la même classe avec le même professeur. Dès ce jour il fut mon ami intime ; j'avais pleine confiance en lui, et lui en moi. Nous avions besoin l'un de l'autre, moi de son aide spirituelle, lui de mon secours matériel. Il était bon et timide ; il n'essayait même pas de se défendre, tandis que ma force en imposait à tous. Je m'efforçais de l'imiter ; près de lui je pus comprendre et pratiquer une vie plus chrétienne et plus profonde.

« Une autre fois, au début de la classe, Comollo est

La défaite du charlatan.

Parents et amis offrent la soutane.

l'objet de tracasseries, et on menace de le battre. Je viens à son aide pour prévenir les coups. Mais la querelle s'envenime ; les insolents se tournent contre moi, et l'un d'eux soufflette cruellement mon cher ami. Ne consultant que ma force brutale, je m'élançai sur eux ; à défaut d'armes, j'en saisis un par les épaules, et menace d'en assommer les autres, mais ils sont tous en fuite. A ce moment, grand coup de scène ! Au plus fort du vacarme le professeur paraît. Il se met à crier à son tour, déchargeant sa colère et ses corrections à droite et à gauche. L'orage arrive sur moi, mais Comollo s'interpose et explique tout ; le professeur s'apaise et suspend les punitions. A vrai dire, nous les avions bien méritées.

« Après cette affaire, Comollo ne manqua pas de me faire la leçon :

— « Mon ami, ta force m'épouvante. Le bon Dieu ne te l'a pas donnée pour assommer tes camarades. Il veut que nous nous aimions, que nous pardonnions, que nous fassions du bien à ceux qui nous font du mal.

« Sa candeur naïve allait droit à Dieu, droit au devoir avec simplicité. Le reste ne l'intéressait pas. Il ne connaissait pas les curiosités de Chieri. Quand je lui en parlais, sa réponse me faisait admirer la profondeur de ses pensées : « Mon ami, ce qui ne doit pas nous servir demain, à quoi bon le chercher aujourd'hui ? » Son sourire avait des reflets célestes ; sa belle âme était déjà toute occupée des biens éternels. »

Ces sublimes épanchements, l'âme de Jean Bosco était capable de les comprendre. Les deux amis étaient faits l'un pour l'autre, se complétant merveilleusement. Bosco avait les dons de la tête, Comollo avait ceux du cœur. Dans une confiance mutuelle ils s'animaient chaque jour à une vertu plus parfaite ; appuyés l'un sur l'autre, partageant leurs projets, leurs difficultés, leurs peines et leurs joies, ils faisaient ensemble de grands progrès dans les voies de Dieu.

CHAPITRE IX

Au Grand Séminaire, 1835

La prise de soutane.

Jean Bosco arrive enfin au terme de ses études classiques. Nous avons admiré sa belle vie montante ; nous avons suivi sa pénible ascension marquée de force d'âme et d'endurance héroïque. Le voici au premier palier ; l'horizon est plus clair, le sommet se rapproche et donne confiance.

Le 25 octobre 1835, dans son église paroissiale de Châteauneuf, il prend la soutane.

Il n'arrive pas seul au but. Avec lui, cette année-là, vingt autres rhétoriciens de Chieri embrassèrent la carrière ecclésiastique. Elle avait peut-être alors des perspectives plus douces ; mais ce chiffre fait grand honneur au collège et aux maîtres Dominicains. Ils y menaient d'un bel entrain l'étude et la piété, la formation de l'esprit et celle du cœur. Don Bosco leur gardera toute sa vie un réconnaissant et filial souvenir.

Les vacances se passèrent en pieuse préparation : « Je cessai de faire le charlatan, écrit-il avec une édifiante humilité, pour me consacrer aux lectures et méditations pieuses trop négligées jusqu'alors. Je m'occupais aussi de mon Patronage à Châteauneuf ; j'avais alors une cinquantaine d'enfants, et tous m'obéissaient fidèlement, car ils m'aimaient comme un père. »

On sent le mot du cœur. Ce premier champ d'apostolat resta toujours cher au Serviteur de Dieu.

De généreux amis voulurent faire les frais du costume ecclésiastique. Soutane, chapeau, barrette, tout vint à point aux yeux ravis de Maman Marguerite. Le curé donna son manteau ; une pauvre femme se mit en quête pour payer les souliers. La Providence inaugurait sa suave manière en suscitant chez les riches et chez les pauvres les premiers coopérateurs de Don Bosco. Il aimait à redire : « J'ai toujours eu besoin de tout le monde. » Cette formule d'humilité est l'écho, non d'une amertume intérieure, mais d'un parfait détachement et d'une confiance totale en Dieu.

Relevons ici ses résolutions, *son plan de vie cléricale ;* il est complet, sans rien de compliqué ; c'est une spiritualité saine, droite, et toute salésienne. La garde des sens et la mortification facilitent au dedans la liberté du cœur et de l'âme ; dans la paix ainsi conquise, la vie intérieure s'épanouit sans violence sous la règle de la charité : « Ne plus me

« mêler aux fêtes publiques, aux foires et aux mar-
« chés ; éviter les banquets qui les accompagnent;
« cesser les tours d'adresse et d'escamotage ; aban-
« donner le jeu du violon et la chasse, peu conformes
« à l'esprit ecclésiastique; aimer le recueillement et
« la retraite ; garder la tempérance dans le boire et
« le manger; ne donner au repos que le temps
« nécessaire; m'occuper des choses de Dieu et culti-
« ver les lectures pieuses, après avoir trop servi le
« monde par des lectures profanes; rejeter avec le
« plus grand soin tout ce qui est contraire à la
« chasteté parfaite ; adopter toute pratique qui
« favorise cette belle vertu; ajouter à mes pratiques
« habituelles de piété une lecture spirituelle quoti-
« dienne; dire chaque jour quelque parole édifiante
« avec mes amis, mes parents, ou avec ma mère.

« Telles sont les résolutions de ma prise de soutane. Pour en assurer le fruit, je les ai consacrées à Marie ; et dans une fervente prière je lui ai promis d'y être fidèle jusqu'à la mort. »

La fête se termina le soir au foyer ; et Maman Marguerite laissa parler son cœur.

— « Mon cher Jean, tu as revêtu l'habit du prêtre. J'en suis heureuse autant qu'une mère peut l'être du complet bonheur de son enfant. Souviens-toi que ce n'est pas l'habit qui fera ta gloire. Si tu venais un jour à douter de ta vocation, dépose ta soutane plutôt que de la déshonorer. Mieux vaut mille fois pour mon enfant le sort d'un humble paysan, que celui d'un prêtre oublieux de ses devoirs. Quand tu es venu au monde, je t'ai consacré à la Madone; *quand tu seras prêtre, sois toujours le prêtre de Marie.*»

Le Séminariste modèle.

Le 30 octobre, l'abbé Jean Bosco entre au Grand Séminaire de Chieri. Son bagage est modeste ; mais quelles richesses d'âme et quelles promesses de vertu !

Le Séminaire est un ancien couvent des Philippins chassés par la Révolution. Au cœur de la vieille cité il dresse sans architecture et sans poésie ses murs de briques décolorées. Autour d'une cour intérieure étroite et basse, les bâtiments concentrent une vie austère et silencieuse. Les bruits du monde semblent lointains, l'azur du ciel aussi. Les salles sont froides et sombres ; il manque de l'air, de la lumière et du soleil ; comme si une religion trop réglée, et une piété moins épanouie avait eu peur des dons de Dieu.

Puissant contraste ! Dans ce cadre étroit, l'horizon des âmes s'illumine, la vie intérieure déborde. Le séminaire est la maison de Dieu ; les jeunes lévites y entendent plus clairement les voix et les appels d'En Haut. C'est un foyer de charité ; les cœurs s'y embrasent de feu sacré et de zèle pour le salut des âmes. C'est une école de science et de vertu : les esprits s'éclairent, les volontés se fortifient, les âmes se préparent aux bons combats et aux victoires du Seigneur. C'est un jardin fermé : les fleurs choisies s'y épanouissent aux rosées de la grâce, aux rayons eucharistiques ; au temps voulu, elles seront transplantées dans le champ du père de famille pour communiquer au monde leur parfum de vie surnaturelle et de sainteté.

Pour Jean, le séminaire c'est tout cela, et il vient avec une volonté très sincère de profiter de tout. Mais c'est mieux encore. Un saint est passé là : le bienheureux Cafasso est sorti depuis quatre ans à peine ; ses traces sont chaudes encore et son souvenir très vivant. Jean Bosco vient recueillir un bel héritage et continuer de nobles traditions ; plus que tout autre il est digne de mettre les pas dans ses pas.

Au premier jour, sa *piété* s'affirma de bon et solide aloi. Son directeur lui avait donné pour mot d'ordre « la fidélité aux petites choses » ; il en fit la devise de son séminaire, de son sacerdoce et de toute sa vie. Devise qui vient en droite ligne de la *Vie Dévote*, et qui marque le fond de l'âme salésienne. L'esprit de Don Bosco n'a rien d'outré, rien de trop personnel ; par une sage adaptation, il sera l'humble disciple du très humble évêque de Genève, demandant comme lui à l'amour divin de vivifier et de transformer son humble vie.

« Je me mis de toute mon âme à observer le règlement du Séminaire. La voix de la cloche était la voix de Dieu ; je ne faisais pas de différence entre le signal de l'étude ou de la chapelle, du repas ou de la récréation, du travail ou de repos. Cette exactitude fut pour moi une source de consolations. »

A Chieri, la confession était de règle tous les quinze jours. La sainte communion ne se faisait que le dimanche ou pour une fête particulière. Pour communier en semaine, il fallait agir en cachette et sacrifier le déjeuner ; par une porte intérieure on se glissait dans l'église contiguë de Saint-Philippe ; après la communion on venait rejoindre les autres au travail. Le règlement défendait cette exception ; mais les Supérieurs l'autorisaient par leur silence. « Je pus ainsi m'approcher beaucoup plus souvent de la Table sainte, et ce fut le plus efficace soutien de ma vocation. » Plus tard, Mgr Gastaldi fera autoriser et faciliter la communion quotidienne dans ses séminaires. Don Bosco sera sans doute pour quelque chose dans cette heureuse décision.

Pour le travail, Jean s'était fait une loi de ne pas perdre une minute. Il était le premier à sauter du lit. Dans son vêtement et dans toute sa personne, il se montrait toujours digne, propre et bien ordonné ; mais il considérait comme gaspillé le temps consacré aux minuties exagérées de la recherche et de l'élégance mondaine. Quand il avait fini sa toilette, il prenait un livre. Tous ses moments libres, il les consacrait à la lecture ; sa riche mémoire lui permit ainsi d'accumuler des trésors de science.

Sa tempérance était extrême, inspirée par deux motifs surnaturels, la mortification et l'apostolat. Il désirait apporter au salut des âmes les plus grandes aptitudes ; pour satisfaire sa passion du travail, et augmenter son bagage intellectuel, il voulait pouvoir se mettre à l'étude « vingt minutes après le repas ». Nos hygiénistes l'auraient condamné ; les saints ne calculent pas comme les prudents du siècle.

La charité ardente, qui sera la grande vertu de sa vie, brille déjà d'un bel éclat. D'humeur joyeuse et douce, prompt à rendre service, il est l'ami de tous. Dans la grande famille du Séminaire, c'est déjà le frère aîné que l'on consulte dans les cas difficiles, auquel on confie les doutes, les difficultés, les peines de toutes sortes. Il est d'un entrain inlassable, sans morgue ni prétention. Dans la cour on fait cercle autour de lui, car il est d'une conversation agréable et féconde. Ses bons mots, ses plaisanteries entretiennent une gaîté communicative.

Sa piété douce et confiante allait à Dieu spontanément. Il eût voulu la même facilité avec ses Supérieurs.

« J'aimais beaucoup mes Supérieurs, écrit-il ; ils furent toujours très bons pour moi. Mais je n'étais pas satisfait : nous pouvions si difficilement les approcher ! Ils venaient nous saluer à l'arrivée en novembre, puis au départ pour les vacances ; et c'était tout. On n'allait les trouver que dans les cas graves pour recevoir une réprimande. Ils venaient chacun à leur tour nous surveiller pendant une emaine au réfectoire et à la promenade ; puis ils disparaissaient. Quand l'un d'eux passait dans nos rangs, tout le monde s'écartait ; on avait peur ! J'aurais tant voulu les approcher, leur demander conseil, et je ne le pouvais pas ! Ce fut mon unique peine au Séminaire.

« Et mon désir devint plus vif encore d'être prêtre pour adopter une autre méthode : « Me donner aux « enfants et m'occuper d'eux avec amour, vivre au « milieu d'eux pour mieux les connaître, exercer sur « eux une surveillance inlassable pour les empêcher « de faire le mal, et chercher toutes les occasions de « leur faire plaisir pour gagner leur cœur et leur faire « plus de bien. »

Parmi les séminaristes, on l'appelait Bosco de Châteauneuf, pour le distinguer d'un confrère qui portait le même nom. Les deux amis plaisantaient un jour à propos du surnom qu'ils pourraient adopter pour éviter confusion dans les appels. On sait que le mot *bosco* signifie *bois*. Comme en français, c'est un nom propre très répandu. « Moi, je veux m'appeler *bosco nespola*, dit l'autre ; le bois de néflier est dur, noueux et rigide. — « Moi, je veux être *bosco di sales*, dit Jean ; le bois de saule est doux et flexible. »

Deux noms, deux tempéraments, deux méthodes. Jean s'affirme en toute occasion disciple du très doux saint François de Sales.

Les sciences sacrées.

Sur ces belles années du Séminaire nous avons de précieux témoignages. Ils nous permettent, dans ce cadre pieux et mystique de la maison silencieuse, de fixer un intéressant portrait du Serviteur de Dieu.

Parmi tous ses collègues, l'abbé Jean Bosco se distingue de prime abord. C'est une figure où les lignes caractéristiques sont bien marquées. Sur sa mine travaillée par la lutte et l'effort, on lirait dix ans de plus ; il semble l'aîné de tous, et il en a l'autorité. Les traits amaigris et tirés accusent une maladie récente ou une fatigue habituelle ; les yeux creusés et profonds annoncent la réflexion, le travail intérieur, la vie féconde de la pensée ; le pli des lèvres est celui du sourire, il indique la bonté. Les cheveux noirs et longs forment un cadre sévère, un peu cru sur le visage trop pâle. C'est une belle physionomie.

Le petit écolier des Becchi s'est fait « fort et robuste », aux leçons de la Madone, aux exemples de Maman Marguerite, aux solides doctrines des Dominicains de Chieri, aux dures expériences de la vie. Les nobles leçons de la philosophie et de la théologie vont ajouter leur couronnement nécessaire.

Le prêtre a besoin de science divine pour alimenter sa vie intérieure et assurer la fécondité de son apostolat dans les âmes. Il est le sel de la terre ; pour exercer son action efficace sur les intelligences, il doit selon la formule, « dominer et diriger à force de doctrine ». Il lui faut une connaissance solide et approfondie qui s'exprime en formules exactes, qui s'épanouit en clartés sereines. Il lui faut aussi une science humaine complète, et rien ne lui est étranger : histoire, exégèse, économie sociale, tout devient « science sacrée », qui touche aux choses de Dieu, au domaine de la conscience, au salut du prochain. De là l'importance capitale du travail au Séminaire. En plein essor de jeunesse, en pleine fleur d'intelligence, les clercs abordent ces études décisives qui leur ouvriront les immenses horizons du dogme catholique, qui leur donneront la clef de toutes les hautes questions spéculatives, la solution de tous les problèmes de l'âme.

A ce grand édifice, les études philosophiques posent pendant deux années de labeur leurs fondements solides, tandis que l'exercice ascétique commence son travail de perfection intérieure.

Les heures de la préparation au sacerdoce sont précieuses ; c'est le temps des semailles ; elles doivent rapporter cent pour un. Jean Bosco ne se contente pas de ce que lui demande le règlement de tous ; il veut, non un résultat de surface, mais une culture profonde. Avec sa vive intelligence et sa riche mémoire, les cours du professeur pourraient lui suffire ; il y ajoute un travail personnel intense.

Il entreprend l'étude de l'hébreu avec assez de

succès. Un jour à Rome, en 1884, on le vit discuter avec un professeur sur la forme grammaticale et le sens de certains passages des prophètes d'après les textes originaux.

A cette époque encore il apprend le français qui lui sera un jour bien utile. Dans le milieu favorable de Turin où la bonne société parle le français très élégamment, il pourra se perfectionner ; un jour il affrontera, simplement et sans trop de peine, le public de nos grandes villes et même les chaires de Paris.

Mais sa prédilection est pour l'Histoire de l'Église. Don Bosco sera le champion de l'idée catholique, le défenseur de Rome et du Pape. Comme s'il prévoyait son œuvre future d'apologétique populaire, il se prépare un riche arsenal. Il analyse Frayssinous, Balmès, Segneri ; il étudie les Bollandistes. Il lit sans trop de mal l'Histoire Ecclésiastique de Fleury, alors en grande mode, mais sans adopter ses jugements sur les papes; au besoin, les réfutations de Marchetti lui donnent la note juste. Plus tard nous le verrons s'attacher aux gros volumes de Rohrbacher. Quand parut l'œuvre de Salzano, il l'accueillit avec amour : « Si je l'avais eu au Séminaire, disait-il, j'en aurais baisé pieusement toutes les pages à cause de la grande dévotion de l'historien pour les Souverains Pontifes. »

En novembre 1837 il commence ses études théologiques. C'est la dernière étape ; le but approche et l'effort intérieur se fait plus sérieux.

Ce grand et décisif travail, il l'aborda résolument, l'âme toute prête. « En classe il était notre modèle, a dit un ami. Malgré sa prodigieuse mémoire il ne se dispensait pas d'un travail appliqué et profond. On le voyait recourir aux sources, comparer les textes, confronter les auteurs. En classe, ses réponses étaient toujours claires et bonnes ; mais, d'ordinaire, il n'apprenait pas la leçon par cœur. Avec son esprit ouvert et indépendant, il lui arrivait parfois de changer l'ordre de l'argumentation, de recourir à d'autres preuves, ou même de soutenir une opinion différente. Il nous souvient qu'une fois le professeur — un docteur à manche étroite sans doute — lui dit avec un peu d'aigreur : Il faudrait étudier mot à mot comme les autres ! »

Étudier comme les autres, l'abbé s'y résignait difficilement. Il ne savait pas comme les autres se contenter de quelques formules d'un manuel sans âme. Le manuel plus ou moins précis ne suffit pas pour développer et expliquer les questions essentielles ; si l'enseignement du professeur n'y supplée pas, il faut consulter les grands auteurs. C'est à leur contact qu'on se fait une âme théologique. Tous les prêtres ont fait leur théologie, a-t-on dit ; trop peu sont théologiens, au grand détriment des âmes qui manquent de lumière et de direction.

Don Bosco fut bon théologien ; il fut l'homme des horizons clairs et des formules précises. Il en eut besoin dans sa longue carrière, en son siècle tourmenté par ce libéralisme à mille faces qui renaît toujours malgré les condamnations renouvelées. Entre le gallicanisme et le joséphisme, l'Italie est en proie à un nationalisme maçonnique et anticlérical contre le pape et son pouvoir temporel. Dans le Piémont, protestants, vaudois, vieux catholiques profitent de l'anarchie intellectuelle. Tous feront la guerre à Don Bosco et à son œuvre : et il devra mener hardiment la lutte par la parole et par la plume. Il les combattra par ses prédications et par ses écrits ; il les convoquera en controverses privées et publiques avec un zèle infatigable.

Partout il se montrera le défenseur de l'Église en face du despotisme menaçant, le soutien de son archevêque devant les municipalités hostiles, le champion de la communion fréquente malgré les jansénistes. Il aura un rôle transcendant ; il sera à diverses heures moniteur des souverains, conseiller des évêques, confident des papes ; il lui faudra un regard sûr et une pensée juste. Ce sera le fruit de ses longues et profondes études.

La formation sacerdotale au Séminaire s'occupe aussi du ministère de la parole, tâche grande et redoutable du prêtre chargé par Jésus-Christ d'évangéliser le monde. L'abbé Jean Bosco se forme à l'éloquence et il s'annonce déjà brillant orateur, avec cette chaleur des débuts qui a besoin d'être modérée, réglée, pour s'ajuster à la dignité de la chaire et aux buts surnaturels de l'apostolat.

Aujourd'hui nos clercs font leur premier sermon au séminaire dans le cadre pacifique et familier du réfectoire. Ce n'est pas le « carré de choux » légendaire ; mais les auditeurs sont indulgents avec la pensée salutaire du jugement qu'ils devront subir à leur tour. Ils pardonnent beaucoup, pour qu'il leur soit beaucoup pardonné. A Chieri, en ces temps de mœurs plus simples, les séminaristes débutaient le plus souvent sur la chaire paroissiale pendant les vacances ; et c'était un des grands soucis de l'année.

Pour notre héros, cette première émotion fut moins violente : il avait du sang-froid, de l'à-propos ; et il n'en était pas à ses débuts. Ces leçons de l'expérience lui furent très utiles pour mettre au point le fond, la forme, l'élocution, le geste et tout ce qui constitue l'art oratoire et l'éloquence sacrée. Il fit son premier sermon à Alfiano pour Notre-Dame du Rosaire en 1837, avant même d'avoir commencé la théologie. L'année suivante, il y revient pour le sermon de l'Assomption ; puis il prêche pour la Nativité à Capriglio. C'est un beau prélude ; il consacre à Marie les prémices de sa parole. Toute sa vie, il sera le héraut des grandeurs et des bienfaits de la Sainte Vierge.

Dirons-nous qu'il était déjà capable d'improviser avec succès ?

Le 16 août 1838, il est chez son ami Comollo qui

Don Bosco adopte le jeune Garelli.

Le Fondateur.

a fait la veille son premier sermon et a pieusement édifié toute sa paroisse. C'est encore grande fête au pays en l'honneur de saint Roch, et le prédicateur annoncé n'a pu venir. « Pour tirer d'embarras l'oncle de mon ami, disent les Mémoires, j'insiste auprès des curés présents pour trouver un orateur bénévole, mais sans succès ; et je m'attire une aigre répartie : « Vous êtes bien osé ! Improviser un panégyrique de saint Roch n'est pas aussi facile que d'avaler un verre de vin ! Au lieu d'ennuyer les autres, faites-le vous-même ! » On applaudit à cette boutade, et moi de répondre : « Je n'aurais pas voulu me proposer, mais puisque tous refusent, j'accepte. » Je crois que dans toute ma vie je n'ai jamais fait de plus beau sermon. »

Mais cette facilité pouvait avoir quelque danger. Dans un pays où la langue est harmonieuse et chantante, où l'oreille musicale se plaît aux phrases sonores, où le tempérament très chaud déborde de mouvement et de vie, le prédicateur risque de se vouer au culte de la forme et de négliger les doctrines profondes et les saines pensées. Notre ami était assez sage pour demander des conseils et pour en profiter. Écoutons la leçon qu'il reçut à Alfiano :

« Après mon sermon, je voulus connaître le jugement du Curé : — « Votre sermon, me dit-il, a été très beau, bien ordonné, riche de citations, et d'un langage très pur. Continuez ainsi et vous aurez du succès dans la prédication.

— « Rien que du succès? Mais le peuple m'a-t-il compris?

— « Très peu. Ce qui vous paraît simple est trop élevé pour lui.

— « Mais alors, que dois-je faire?

— « Croyez-moi ; laissez la littérature et tous ses artifices ; autant que possible parlez la langue du peuple, le patois de nos braves paysans. Quand vous devrez parler en italien, faites-le avec la plus grande simplicité. Pas de dissertations trop longues ; cherchez des comparaisons et des exemples pratiques. Souvenez-vous toujours que le peuple connaît très peu les vérités de la foi et qu'on ne saura jamais assez les lui expliquer. »

« Ce conseil a été la règle de toute ma vie. J'ai conservé mes premiers sermons : je n'y vois aujourd'hui que prétention et vaine gloire. Le bon Dieu a permis que cette bonne leçon me fût salutaire. Depuis ce jour, dans mes sermons, mes instructions, mes catéchismes, comme dans tous mes écrits, j'ai cherché en tout la simplicité. »

Le trépas merveilleux de Louis Comollo.

Un jour Jésus est descendu dans son jardin de Chieri pour cueillir des lys. Il a trouvé une fleur éclatante de blancheur, fraîche et épanouie, c'est l'âme de Louis Comollo. De célestes avertissements ont prévenu l'angélique Séminariste ; doucement il se prépare, il se purifie ; le fruit mûr se détache.

Nous allons nous édifier au spectacle d'une sainte mort.

Comollo est une âme aimante qui vibre puissamment aux souffles d'En-Haut. Porté par l'Amour, il a brûlé les étapes de la sainteté, depuis la silencieuse fidélité aux petites choses, jusqu'aux pénitences héroïques, jusqu'aux saints enthousiasmes. Il est mûr pour le Ciel. Son programme quotidien est précisé sur un papier qu'il garde constamment sous les yeux : « Faire humblement son devoir, c'est faire beaucoup ; faire de grandes choses en dehors du devoir, c'est perdre son temps. »

« J'ai vu ce jeune homme de vingt ans, écrit Don Bosco, jeûner rigoureusement pendant tout le carême, les jours marqués par l'Église, et tous les samedis en l'honneur de la Sainte Vierge. Je l'ai vu souvent se priver du petit déjeuner du matin, et à midi se contenter d'un morceau de pain et d'un verre d'eau ; je l'ai vu répondre au mépris et aux injures par un sourire aimable. Quel exemple pour moi ! Je cherchais à l'imiter, mais je le suivais de bien loin. C'est à lui que je dois d'avoir résisté à la dissipation générale, et d'avoir persévéré dans ma vocation. C'était un ange du Ciel ; il n'était plus à sa place ici-bas. »

Mais une douce mélancolie est venue nuancer leur amitié depuis le jour où Comollo a fait une allusion trop claire à son prochain départ pour l'éternité. Aux vacances dernières, devant les campagnes de Châteauneuf désolées par la sécheresse, nos deux clercs déploraient la misère des paysans et souhaitaient pour la vendange prochaine un vin plus abondant.

— « Oh ! moi, s'écria Comollo, j'espère boire un vin meilleur ; j'attends le Ciel, et ma vie ne se prolongera plus longtemps. »

A un ami qui lui parlait de sa première messe, il répondait : — « Il n'y aura pas pour moi de première messe. L'année prochaine, je ne serai plus de ce monde, et vous prierez pour moi. »

Le jour du départ pour Chieri, les adieux furent plus touchants. Au détour de la route, il s'arrêta longuement :

— « Serais-tu fatigué, Louis, demanda son père ? Aurais-tu quelque peine ?

— « Je suis très bien ; et je reviens avec bonheur au séjour de la paix. Mais laissez-moi contempler ma maison, mon église, mon beau pays pour la dernière fois. »

Et sortant de sa rêverie pieuse : — « En avant ! vive la joie ! Le bon Dieu nous attend. »

Le bon Dieu l'attend au rendez-vous eucharistique, au rendez-vous du devoir quotidien, au rendez-vous de l'éternité qui approche. L'abbé Louis Comollo ne dira pas de première messe ; sa messe sera le sacrifice de sa vie, de sa belle jeunesse, de ses amitiés, de ses rêves d'apostolat.

L'appel d'En-Haut se fait entendre soudain. Dans la nuit du 25 mars, il s'est senti frappé et il le dit aussitôt à Jean : — « Je me sens mal, et ma fin approche. Prie bien pour moi ; j'ai peur de paraître au grand jugement de Dieu. »

A la fin de la messe il tomba évanoui. Pendant deux jours, il lutta contre la fièvre, mais le mercredi saint il dut se coucher. Jean avait déjà annoncé à tous le deuil qui menaçait le Séminaire.

Le jour de Pâques, pendant les offices à la Cathédrale, Bosco resta près de lui. Dans l'infirmerie silencieuse, toute pleine de la présence de Dieu et de la majesté de la mort, Comollo fit ses recommandations suprêmes et son testament spirituel :

— « Nous allons nous quitter pour un temps. Mais l'amitié va plus loin que la tombe, elle nous oblige aussi dans l'autre vie. Nous devons prier l'un pour l'autre, et nous rendre visite après la mort : j'y serai fidèle. Que le bon Dieu soit toujours avec toi ; nous nous retrouverons au ciel quand il Lui plaira. »

Deux jours encore le malade continua de souffrir, de prier, de chanter. Le lundi soir, on lui donna l'extrême-onction ; son amour et sa foi se ranimèrent ; il put suivre sans effort les cérémonies et les prières liturgiques. « Ma grande consolation à cette heure, murmura-t-il, c'est d'avoir aimé la Sainte Vierge et d'avoir souvent communié. » A minuit il chantait encore d'une voix défaillante un cantique à Marie.

Enfin, il sentit la mort toute proche : « Adieu, Jean ; je m'en vais. As-tu quelque commission pour le ciel?... Jésus, Marie, je remets mon âme entre vos mains ! » Ce furent ses dernières paroles. Un léger mouvement des lèvres déjà glacées indiquait que le cœur priait encore ; puis doucement, dans une paix totale, son âme entra dans la joie du Seigneur.

C'était le 2 avril 1839. Comollo avait vingt-deux ans.

Une voix d'outre-tombe.

A son serviteur fidèle, Jésus réserve une place de choix. Comollo aura pour reposer en paix, non pas le champ commun des morts, mais un poste d'honneur près du Tabernacle. Il fut enterré sous une dalle du sanctuaire, près de la Table sainte.

La nuit qui suivit les funérailles fut marquée par une apparition étonnante à tout un dortoir du Séminaire, « celui qui donne sur la cour du midi ».

Résumons ici l'intéressant récit de Don Bosco lui-même (1) :

« Au souvenir de certains faits de la vie des saints, notre pieuse amitié s'était donné rendez-vous par delà la tombe ; le premier qui mourrait viendrait annoncer au survivant son état dans l'autre monde.

(1) Ces faits prodigieux ont été contrôlés. La première édition de la vie de l'abbé Comollo en 1844 y faisait une claire allusion ; elle avait été revisée par les Supérieurs de Chieri. L'édition de 1884 les raconte en détail ; et plusieurs témoins vivaient encore.

Sans comprendre la gravité de la chose, nous avions fait cette promesse mutuelle, comme *un pacte sacré* souvent renouvelé, jusqu'entre les bras de la mort aux derniers instants de Comollo. Quelques amis, au courant de la chose, attendaient les événements avec impatience ; pour moi j'espérais un réconfort dans mon chagrin.

« La nuit du 3 avril, très ému encore, je ne pouvais dormir, songeant à l'ami disparu, à notre promesse, pressentant ce qui allait arriver, j'éprouvais une mystérieuse frayeur. Autour de moi dans le grand dortoir vingt séminaristes dormaient paisiblement.

« Sur le coup de minuit, un bruit effrayant s'élève soudain du fond du corridor et s'avance grandissant, d'abord sourd et grondant comme un tonnerre lointain, puis sonore et aigu comme une rafale déchaînée. On dirait le vacarme d'un chariot et de son lourd attelage ; on dirait l'éclatement prolongé de pièces d'artillerie ; images bien vaines et terrifiantes réalités ! Autour de nous tout tremble, les cloisons, les voûtes et le plancher ; tout vibre avec un fracas de plaques de tôle secouées par un bras puissant.

« Tout à coup la porte s'ouvre avec violence. Rien ne paraît qu'une faible lueur de couleurs diverses qui semble le centre de tout le bruit. Peu à peu le silence se fait ; la lumière brille un instant avec éclat ; et la voix de Comollo, une voix faible et plus douce que d'habitude, répète par trois fois : « Bosco ! Bosco ! Bosco ! je suis sauvé ! » — Une clarté soudaine remplit alors tout le dortoir ; le tumulte reprend avec une nouvelle violence, comme si la maison allait s'écrouler sous la tempête. Puis tout s'éloigne et disparaît dans le silence de la nuit.

« Épouvantés et muets de terreur, les séminaristes se lèvent en désordre, et se réfugient dans un coin du dortoir auprès de l'assistant. Ils ont entendu la voix sans la comprendre ; ils se pressent de questions fiévreuses, attendant avec impatience la lumière du jour. Assis sur mon lit, j'essaie de les calmer en leur rappelant la consolante parole de l'apparition : Comollo est sauvé.

« Au Séminaire de Chieri on parla longtemps de ces faits merveilleux. Quant à moi, ma frayeur fut telle que j'aurais préféré mourir. J'en fus gravement malade, et il fallut de longs mois pour me remettre tout à fait.

« Que tout cela serve d'exemple aux autres. Gardons-nous de mettre notre faible nature en relation avec le monde surnaturel. Sans une grâce particulière du Ciel notre pauvre humanité ne pourrait soutenir le choc. Nous savons que l'âme existe, et qu'elle est immortelle ; ne cherchons pas d'autres preuves ; contentons-nous de ce que Dieu nous a révélé. »

Ici se termine la vie merveilleuse de Louis Comollo. Nous nous sommes un peu attardés à cette suave idylle pour les parfums de lys qu'on y respire.

Mais l'histoire se prolonge. Les deux amis vont réaliser leur pacte au delà de la mort, jusqu'au revoir dans l'éternité.

Une nuit de 1847, Maman Marguerite entendit Don Bosco parler dans sa chambre : il semblait converser avec quelqu'un ; et le dialogue dura longtemps. Le lendemain, le Serviteur de Dieu avait les traits enflammés, l'œil en feu, plus que de coutume. Aux questions de sa mère il répondit simplement : « Je parlais avec Louis Comollo. » Mais il garda pour lui les secrets apportés par le céleste ami.

L'ami fidèle revivra pour assister Don Bosco dans ses œuvres ; il sera son conseiller et son guide, son fidèle coopérateur ; il pourra ainsi réaliser ses premiers rêves d'apostolat. Il viendra, non dans l'apparat terrifiant de Chieri, mais dans les mystiques entrevues d'un songe.

... Au ciel de la Congrégation Salésienne, l'abbé Louis Comollo est en bonne place. Il a l'esprit et les traits de la famille ; il reste pour tous un doux modèle à imiter.

CHAPITRE X

Le Sacerdoce

Les Saintes Ordinations.

Nous arrivons enfin aux grands jours des saintes ordinations, années fécondes marquées d'efforts généreux, de progrès intérieurs et de grâces de choix. Par ascensions progressives, le Seigneur s'apprête à exalter son élu. C'est d'abord la tonsure et les ordres mineurs, le 25 mars 1840, dans la chapelle de l'Archevêché. Premier pas vers l'autel, vers l'idéal du sacerdoce que Jean réalisera un jour si pleinement. Il en a déjà la piété rayonnante et le zèle apostolique.

Pendant les vacances, il obtient de Mgr Franzoni la permission de faire un complément d'études sous la direction du Curé de Châteauneuf. Il gagne ainsi une année de théologie, car il a déjà vingt-cinq ans.

En même temps, il se prépare au sous-diaconat pour les Quatre-Temps de septembre. Il fallait, selon la loi canonique, constituer un patrimoine ecclésiastique. Sa part d'héritage aux Becchi étant insuffisante, son frère Joseph y joignit son petit bien pour la compléter.

L'appel au sous-diaconat marque un moment solennel et décisif ; Jean y apporta toute sa ferveur. « Je comprends mieux aujourd'hui, écrit-il, les vertus que demande « le grand pas ». Je n'étais pas suffisamment préparé, car je n'avais personne pour me diriger. Je vins trouver Don Cafasso ; il me dit de marcher en m'appuyant sur sa parole. A la retraite chez les Pères de la Mission, je fis une confession générale pour avoir un conseil décisif, car j'étais toujours dans l'angoisse, et j'avais peur de me lier pour toute la vie. La parole du confesseur fixa ma résolution définitive. »

Tout rempli encore des grâces de l'ordination, notre sous-diacre revient à Chieri pour la cinquième et dernière année d'études. On le nomme préfet de la division, chargé du bon ordre et de la discipline générale. C'est un titre de confiance, car il est nouveau dans le cours. Mais avec l'âge rayonne de plus en plus l'ascendant de sa science et de sa vertu.

Ses notes sont les meilleures, comme le prouvent encore les registres du Séminaire. A l'entrée, il a son « très bien » habituel. A l'examen de février, léger échec ; il n'a qu'un « presque très bien » ; à propos d'un canon du concile de Trente qui lui échappe, il a improvisé une formule peu authentique. En mai il prend sa revanche, les registres portent « plus que très bien ». C'est l'examen final avant la grande ordination, car, entre temps, il a reçu le diaconat, le samedi de la Passion. En marge des notes ordinaires nous trouvons un intéressant jugement. C'est l'appréciation décisive que le Conseil des Supérieurs donne à la fin de l'année sur chaque séminariste. A côté du nom de l'abbé Jean Bosco, nous lisons ce bel éloge : « Plein de zèle et promet beaucoup. »

Donnons ici quelques échos du plébiscite spontané qui nous dit l'affection et la vénération que gardèrent à Don Bosco ses maîtres et ses condisciples de Chieri.

D'abord la pensée de ses professeurs : « Au Séminaire il fit de grands progrès dans l'étude et la piété ; et cela, sans éclat, avec cette simplicité qui est restée la note de toute sa vie. — Personne alors ne prévoyait ce qu'il devait être plus tard. Mais son maintien toujours digne et sa fidélité au devoir étaient un exemple vivant pour tous. »

Ses condisciples l'ont vu de plus près ; ils sont plus précis : « A Chieri il était le modèle des clercs et nous le tenions déjà pour un saint. — Il nous donnait de beaux exemples de piété et d'obéissance. Nous avions pour lui tant d'estime que nous l'appelions « le père », et nous le respections comme un Supérieur. — Il semblait être déjà prêtre tant il avait de modération, de retenue et de régularité dans sa conduite. — Parmi les séminaristes, c'était un compagnon toujours aimable. Nous le respections, et dans les discussions il était le pacificateur toujours écouté, à cause de la sainteté de sa vie. — C'était un ardent travailleur; il avait toujours un livre à la main. Nous le consultions dans les cas difficiles, et il savait répondre à tout. »

Écoutons encore cette voix plus autorisée, et si sincère, et qui semble résumer tout : « J'ai vécu longtemps avec Don Bosco, cinq ans au Séminaire, et cinq ans à Turin ; jamais je n'ai découvert en lui le moindre défaut ; je l'ai vu pratiquer à la perfection toutes les vertus. » Selon le joli mot d'un ami à Chieri, Jean Bosco était déjà «un bois très précieux», un bois dont Dieu se fait les hérauts de sa parole et les ministres de ses œuvres. C'est l'expression naïve de ce pieux curé de campagne, qui ne se croyait pas si bon prophète : « Celui-là fera quelque chose de grand. »

La voix du peuple chrétien l'exalte déjà. Dans son humilité, dans sa pauvreté Don Bosco sera grand. Il se haussera à la taille des plus grands de son siècle, et de l'histoire. Sa grandeur véritable aura pour mesure non les phrases sonores et les gestes éclatants, mais les idées fécondes et les projets généreux, et tout ce que peut réaliser un cerveau de génie servi par un cœur de saint.

Cette grandeur, le Seigneur va la consacrer en élevant son ministre parmi les princes de son peuple, par l'ordination sacerdotale.

Le 26 mai 1841, notre heureux séminariste entre en retraite à Turin chez les Pères de la Mission.

« *Jean Bosco prêtre.* »

« Jean Bosco prêtre », ces trois mots humbles et puissants ont traversé le monde, porteurs de grâces, de bénédictions, de miracles. Pendant un demi-siècle leur auréole de bonté a brillé sur tant de misères pour les consoler et les guérir ! Cette mission bienfaisante, qui s'exerce déjà de si douce manière, va recevoir sa consécration définitive.

Nous n'essayerons pas de sonder les mystères de la grâce réalisés dans cette âme choisie, préparée, appelée par Dieu. Relevons dans ses notes quelques pensées graves qui nous laissent voir sous quel angle notre nouveau prêtre envisageait ses obligations sacerdotales : « Le prêtre ne va pas au ciel tout seul ; il ne va pas en enfer tout seul. S'il fait le bien, il sauve avec lui les âmes gagnées par ses bons exemples. S'il fait le mal, il perd avec lui les âmes entraînées par ses scandales. »

Jean veut être un bon prêtre et un sauveur d'âmes. Dans ce but il arrête les plus généreuses résolutions ; elles forment un plan de vie religieuse et d'apostolat. C'est un programme de perfection ; après l'avoir mis en pratique, il l'offrira aux âmes qui viendront travailler à ses côtés :

« *Douceur :* La charité et la douceur de saint Fran-
« çois de Sales seront partout ma règle de conduite.

« *Zèle :* Pour sauver les âmes, j'accepterai tout : « souffrances, travaux, humiliations.

« *Piété :* Chaque jour je serai fidèle à ma médi- « tation, à ma lecture spirituelle, à ma visite au Très- « Saint-Sacrement. Pour ma messe, je ferai au moins « un quart d'heure de préparation, et un quart « d'heure d'action de grâces.

« *Travail :* J'emploierai rigoureusement tout mon « temps ; j'éviterai toute promenade inutile ; je ne « prendrai la nuit que cinq heures de sommeil. Le « travail est une arme puissante contre les ennemis « de l'âme.

« *Mortification :* Je serai toujours content de ma « nourriture ; je boirai du vin mêlé d'eau et par seule « raison de santé ; j'éviterai toute conversation inu- « tile avec l'autre sexe en dehors du ministère spi- « rituel. »

C'est l'ébauche de la vie salésienne où domine le zèle des âmes. Dans sa spiritualité apostolique et active, les considérations mystiques passent au second plan. Les âmes d'abord ! Tout pour les âmes ! C'est le cri de guerre du nouveau chevalier du Christ. Son armure simplifiée le laissera plus libre pour son rôle de soldat d'avant-garde et d'attaque.

Les Mémoires nous donnent d'autres intéressants détails :

« Je fus ordonné prêtre le 5 juin 1841, veille de la Sainte Trinité, par Mgr Franzoni, dans la chapelle de l'Archevêché. Je célébrai le lendemain ma première messe à Saint-François-d'Assise, à l'autel de l'Ange Gardien. On m'attendait à Châteauneuf ; mais je préférai rester auprès de Don Cafasso dans le calme et le recueillement. Ce dimanche de la Trinité fut pour moi un grand jour, et sans doute le plus beau de ma vie.

« Au Memento de cette messe mémorable, je présentai à Dieu le souvenir de mes professeurs, de mes bienfaiteurs, en particulier du cher Don Calosso.

« D'après une pieuse croyance, le Seigneur accorde toujours au nouveau prêtre la grâce qu'il lui demande dans sa première messe. J'ai demandé de tout mon cœur l'efficacité de la parole pour pouvoir faire plus de bien aux âmes. Il semble que le bon Dieu m'a exaucé. »

Nous savons dans quelle merveilleuse proportion Don Bosco reçut *l'efficacité de la parole*. Son ministère public et privé fut partout marqué de fruits extraordinaires ; dans ses entretiens, dans ses prédications, au confessionnal, il exerçait sur les âmes une puissante emprise ; il gagnait les cœurs et les portait à Dieu par les résolutions les plus efficaces ; il semait le bon grain à pleines mains et partout levaient des moissons fécondes. On ne savait pas lui résister : apôtre, il remuait les âmes ; thaumaturge, il donnait à sa voix l'appui du miracle. Là est le secret : la puissance de sa parole et la puissance de son bras viennent de la puissance de son cœur sur le cœur de Dieu.

Le lendemain lundi, Jean voulut dire sa seconde messe à *la Consolata*, le grand sanctuaire marial de Turin. Pèlerinage de reconnaissance et offrande de son sacerdoce à celle qui l'a guidé depuis le premier Songe, qui l'a soutenu jusqu'à ce jour, qui restera la douce auxiliatrice de ses œuvres. Fidèle à la recommandation de sa mère, Don Bosco sera le « prêtre de Marie ».

Le mardi il est à Chieri, chez les Dominicains. Son ancien professeur et père pleure d'émotion à sa messe dans l'église de Saint-Dominique, et Jean passe auprès de lui « une journée de Paradis ». Le lendemain il célèbre le saint Sacrifice à la Cathédrale où il retrouve sa chère Madone de Notre-Dame des Grâces, ses petits enfants du catéchisme, et son ami le sonneur qui dut carillonner de joyeuses envolées.

Le jeudi, pour la solennité de la Fête-Dieu, il est enfin dans sa belle paroisse de Châteauneuf. C'est la grande journée. Pour s'associer au triomphe du nouveau prêtre, clergé, parents, bienfaiteurs, amis, tout le pays est là. De tous les points de l'horizon, des Becchi et de Murialdo, des hameaux lointains et des fermes solitaires, le bon peuple accourt joyeux vers Châteauneuf pour fêter le ministre de Dieu. On l'a vu grandir, on l'a vu prier, on l'a vu lutter pour sa vocation. Dans la pieuse église de son baptême et de sa première communion, dans ce cadre aimé, riche de tant de souvenirs, entouré de ses petits enfants, l'abbé Jean Bosco chante sa plus ardente action de grâces.

Au soir de ce beau jour, il rentre aux Becchi. Ce retour à la maison paternelle, après les splendeurs de Châteauneuf, fut doux et reposant. « Mais, écrit-il, arrivé sur le côteau, quand je vis le pré de mon premier songe, je ne pus retenir mes larmes. Qu'ils sont merveilleux les plans divins ! Le Seigneur a vraiment relevé de la poussière son pauvre enfant pour le faire asseoir parmi les princes de son peuple. »

Auprès du foyer, sous l'humble toit, dans un cœur à cœur du fils et de la mère, eut lieu l'épilogue touchant de ces scènes grandioses. C'est la dernière leçon de Maman Marguerite, leçon encore de sublime détachement.

— « Te voilà prêtre, mon fils ; tu es maintenant plus près de Jésus. Mais sache que commencer à dire la messe, c'est commencer à souffrir. Tu ne t'en apercevras pas tout de suite, mais avec le temps tu verras combien ta mère avait raison.

« Je n'attends rien de toi. Tu prieras pour moi chaque jour pendant ma vie et après ma mort : cela me suffit. Désormais ne prends aucun souci de ta mère et ne pense qu'au salut des âmes. »

Sainte et généreuse mère ! Pour conduire son fils au sacerdoce elle a fait tous les sacrifices ; elle a tout donné à Dieu avant de se donner elle-même. Sa récompense sera grande !

A ce jour elle est déjà bien récompensée. Elle a

vu son enfant, fidèle à ses leçons, grandir en vertu, suivre sa voie vers Dieu. Elle vient de recevoir la première bénédiction de son nouveau prêtre ; elle a baisé pieusement sa main encore parfumée d'huile sainte ; elle a reçu de lui la sainte communion ; elle a pris sa part discrète aux fêtes de Turin, de Chieri et de Châteauneuf.

Une récompense plus belle l'attend encore. Elle verra surgir de grandes œuvres sous les miracles du ciel ; pendant quinze ans elle sera l'humble coopératrice de son fils ; près de lui, à l'ombre de sa sainteté, elle continuera sa vie de dévouement riche de mérites ; sous son regard attendri, sous une bénédiction fervente comme celle de ce jour, elle quittera ce monde pour la récompense éternelle.

Près du nom de Don Bosco, le nom de Maman Marguerite sera immortel.

Il nous plaît de l'exalter ici, pour rappeler aux mères chrétiennes qu'elles sont les gardiennes de la vocation de leurs enfants. Selon la belle parole, Marguerite Bosco avait reçu de Dieu une âme sacerdotale, et elle l'avait donnée à son fils. Etre la mère d'un prêtre, c'est aussi une vocation et une mission. Elle y fut fidèle jusqu'au bout.

Turin, 1841. — *Le Conquérant.*

Jean Bosco est prêtre. Le petit pâtre des Becchi est au but tant désiré. Il va maintenant, par grandes et dures étapes, réaliser le Songe mûri depuis quinze ans.

Voici l'heure décisive ; il lui faut orienter sa vie. Plusieurs postes se présentent ; on le voudrait à Murialdo, à Châteauneuf. Une famille riche lui offre un poste de précepteur ; mais Marguerite intervient : « Que ferait mon fils dans la maison des riches? La vertu ne s'abrite pas toujours derrière les rideaux de soie. A quoi nous serviraient ses beaux écus? Qu'en ferait-il? Qu'en ferais-je moi-même si pour les gagner Jean s'exposait à perdre son âme.? »

Don Cafasso consulté voit plus loin : « Laissez de côté toutes ces demandes, et venez à l'Institut ; vous vous formerez au ministère des âmes. »

Le 3 novembre, le jeune prêtre part pour Turin. Il est de nouveau sur la grand'route de Châteauneuf, comme jadis l'âme chargée de projets. Au col de Superga, la grande ville lui apparaît comme dans son rêve ; Turin sera le premier héritage de son sacerdoce, puis le Piémont et l'Italie, puis la France et l'Europe, et l'Amérique, et le monde entier. Il ignore encore ses voies mystérieuses ; mais son étoile brille, il la suit. Il aura désormais pour le guider les traces lumineuses et chaudes de son maître, le Bienheureux Cafasso.

Qui nous dira les généreux espoirs de ce doux conquérant?

Don Bosco prêchait un jour à Albe le panégyrique

de saint Philippe de Néri. Dans un exorde magnifique, il imagina une charmante prosopopée. L'orateur se voit sur une des collines de Rome ; tandis qu'il admire le splendide paysage, un jeune homme se présente, fatigué, le front pensif, l'œil fiévreux fixé sur la ville éternelle :

— « Qui êtes-vous, jeune homme, et que contemplez-vous avec un si vif intérêt ?

— « Je suis un pauvre étranger. Je regarde Rome car j'ai en tête un grand projet. Mais j'ai peur qu'il ne soit que folie ou témérité.

— « Quel est ce projet ?

— « Je viens gagner des âmes à Dieu ; je viens enseigner la religion à tant de pauvres enfants qui se perdent.

— « Venez-vous avec la science ? avec la fortune ?

— « J'ai étudié quelque peu, mais je ne suis pas un savant. Je ne possède rien ; je n'ai que le maigre morceau de pain que me donne un maître bon et charitable.

— « Avez-vous une église, une maison ?

— « Je n'ai qu'une chambre basse et étroite où m'abrite la charité. Mon vestiaire, c'est une pauvre corde tendue d'un mur à l'autre, à laquelle je suspends mon vêtement et toute ma lingerie.

— « Mais si vous n'avez pour vous ni le nom, ni la science, ni la fortune, pourquoi parler d'entreprendre cette œuvre gigantesque ?

— « C'est bien la cause de mon souci. Mais si Dieu

m'a inspiré cette grande pensée, il peut des pierres du chemin susciter des enfants d'Abraham.

— « Aimez-vous la Sainte Vierge ?

A ce nom béni, un éclair a brillé sur le front transfiguré du jeune homme, une flamme s'est allumée dans son regard, un sourire céleste a épanoui son visage.

— « Comment vous appelez-vous ?

— « Je m'appelle Philippe de Néri.

Or, plus d'un auditeur dut répondre et ajouter tout bas : « Je m'appelle Jean Bosco. » L'apôtre de Rome au XVIe siècle, et l'apôtre de Turin au XIXe, ont dû faire les mêmes rêves avant de réaliser les mêmes conquêtes.

Don Bosco a ses plans d'apostolat pour le salut de la jeunesse; mais sont-ils au point ? Est-il suffisamment préparé ? Les premières étapes de sa vie aux Becchi, à Châteauneuf, à Chieri, se sont déroulées dans un cadre harmonieux, dans l'atmosphère heureuse du bon peuple des campagnes, aux mœurs pures, ami de l'ordre et de la religion. Des misères morales, des plaies sociales qu'il doit panser et guérir, il ne sait pas tout encore. Auprès de Don Cafasso, il sera à bonne école. Pour faire ses expériences et tirer ses conclusions, il aura un poste merveilleux d'observation. Pour s'instruire et se former à sa mission, il aura cette terrible leçon de choses qu'est la misère des grandes villes.

Turin est la pacifique et noble capitale, pieusement endormie aux pieds des Alpes, au repos après les longues secousses de la guerre et de l'invasion. C'est la cité privilégiée des saints et des miracles, la cité mystique du Saint-Sacrement, de la Consolata et du Saint Suaire.

C'est aussi la ville moderne en fièvre d'accroissement avec l'afflux des campagnes miséreuses. Derrière ses vastes palais, ses riches arcades, ses fiers monuments, elle cache ses mansardes humides et ses soupentes enfumées où travaillent, où mangent, où dorment, où grouillent des familles entières dans un air lourd de fièvre et d'immoralité. Derrière ses murs hautains, s'étendent des banlieues mal famées, terrains vagues, régions suspectes, où se donnent rendez-vous la paresse et l'ivrognerie, le blasphème et l'impudicité. Dans ces masses populaires, trop souvent les têtes sont chaudes et les ventres affamés ; les meneurs en profitent pour semer la haine, le désordre, et la révolution.

Après ses cours à Saint-François, quand il sort pour son ministère, il rencontre à chaque pas de jeunes désœuvrés venus de la montagne, sans travail, qui, faute de soins, prendront le chemin de la mendicité et du vice ; parfois ce sont des groupes entiers d'adolescents, oisifs, indisciplinés, qui vivent d'expédients, en marge des lois et de la société, et qui portent déjà le lourd stigmate de la dépravation. A son passage devant les ateliers et les fabriques, des échos malsains lui blessent les oreilles et le cœur, chansons mauvaises, moqueries, cris de haine, où percent souvent de malheureuses voix d'enfants.

Don Cafasso, Confrère de la Miséricorde, est chargé des prisons. C'est son ministère de prédilection ; les détenus sont ses enfants : il les aime, il les console, il les convertit. Il les suit jusqu'à la porte le jour de leur délivrance, jusqu'au gibet le jour de leur condamnation ; on l'appelle le prêtre de la potence. Près de lui Don Bosco se donne à cet apostolat de la misère ; il rencontre là de malheureux jeunes gens dignes de pitié. Ils ont défailli parce que le pain leur a manqué, le pain du corps, le pain de l'âme surtout.

Et son idée charitable se précise. « Quelles douloureuses surprises ! s'écrie-t-il. Ces pauvres enfants sortaient de là changés et résolus ; mais bientôt nous les retrouvions dans leur triste cellule. S'ils avaient eu un ami pour les aider, les instruire, ils auraient échappé aux tentations du mal. Sur les conseils de Don Cafasso, je me mis à étudier mon projet. »

Ce projet de Patronage fut d'abord confié à Dieu dans la prière, puis exposé à l'archevêque Mgr Franzoni qui l'approuva et le bénit.

Après la prison, l'hôpital ; après les leçons de Cafasso, celles de Cottolengo ; le fondateur aura de qui tenir.

Au nord de la ville, du côté de la Doire, au faubourg du Valdocco, le bon Chanoine Cottolengo inspire et dirige sa colossale entreprise de charité. Après treize ans, *la Piccola Casa*, la Petite Maison de la Providence, la « maison du miracle quotidien », abrite quinze cents malades. On ouvre à toutes les misères ; on leur offre tous les dévouements sous le regard du Crucifix. Les plus malheureux, ceux qu'on ne veut pas ailleurs sont les préférés. Don Bosco fut invité à leur apporter aussi son ministère.

Pour lui, certaines salles étaient surtout intéressantes et douloureuses, celles des jeunes. C'était son lot : tristes adolescents blessés par la vie ou par le péché, victimes des tares héréditaires ou des passions, visages ravagés à blancheur de cire, regards douloureux allumés par la souffrance, regards qui voudraient vivre et que la fièvre consume, regards chavirés déjà au souffle glacé de la mort !

— Pauvres enfants ! pensait Don Bosco ; comme ils ont besoin de soutien !

Et dans son âme se fit plus ardente la volonté de se vouer au salut de la jeunesse.

Elle est touchante cette rencontre des deux fondateurs, des deux héros de la charité. Cottolengo touche au terme de ses travaux ; dans quelques mois, le 30 avril 1842, il se couchera pour son premier et dernier repos. Sa carrière se termine en beauté parmi les bénédictions de tout un peuple. Une autre carrière s'ouvre en splendeur d'aurore ; elle annonce une journée radieuse pleine de chants et chargée de fruits, joie des cœurs d'enfants restés purs, chants des petites âmes restées blanches « dans les plis solides de la soutane de Don Bosco ».

Cette aurore splendide est celle du 8 décembre 1841.

Le 8 décembre 1841.

A Turin, Don Bosco entre enfin dans sa voie. Après ses cours de morale, il fait du ministère au dehors ; et tout de suite ses amis, les petits enfants accourent à lui. On n'échappe pas à l'emprise d'une vocation : la divine bonté sait tout faire tourner à ses vues très sages. Comme à Châteauneuf, comme à Chieri, il eut bientôt sa bande joyeuse. Les enfants s'attachèrent à ce jeune prêtre qui leur témoignait tant d'intérêt, qui avait pour eux des paroles aimables et un sourire accueillant. Ils le suivaient dans les rues, sur les places, jusque dans la sacristie de Saint-François.

Mais tout ce mouvement et ce bruit ne faisaient pas l'affaire des sacristains, gens qui aiment l'ordre et le silence, par principe, et par intérêt. Il fallait, à force de patience écarter les orages ; et on ne réussissait pas toujours. D'ailleurs, sans local pour les recevoir, on ne pouvait pas faire grandbien à ces enfants.

Don Bosco prie ; il sent l'œuvre nécessaire et urgente. Il s'est offert au Seigneur ; il attend la réponse d'En-Haut. Cette réponse, c'est encore la Dame du Songe, c'est la Sainte Vierge qui la lui apporte.

... Or, voici ce qui arriva en la douce fête de l'Immaculée Conception, le 8 décembre 1841. La scène se passe dans la sacristie de Saint-François-d'Assise.

Don Bosco s'apprête à dire la messe. Un grand garçon égaré par là est invité à la servir ; mais il ne sait pas, et il refuse. Le sacristain insiste et se fâche ; et devant les refus réitérés, il le bouscule, le frappe et le pousse dehors brutalement.

Le prêtre indigné intervient :

— « Pourquoi le frapper ? Pourquoi le chasser ? C'est un de mes amis, rappelez-le ; j'ai à lui parler. »

L'enfant revient, gauche et méfiant, mais bientôt consolé :

— « Tu n'as pas encore entendu la messe, mon ami ? Reste avec moi ; j'ai quelque chose à te dire qui te fera plaisir. »

Après la messe, l'action de grâces fut courte. Elle se compléta dans l'arrière sacristie par une leçon de catéchisme au jeune apprenti. Cette leçon est demeurée historique ; elle marque le début humble et pieux de l'Œuvre Salésienne.

La connaissance est bientôt faite, et le cœur s'ouvre. L'enfant s'appelle Barthélemy Garelli ; orphelin de père et de mère, il a quitté son pays d'Asti pour venir travailler à Turin. Il a seize ans ; il ne sait ni lire ni écrire, et il n'a pas fait de première communion. On l'a mené quelquefois à confesse quand il était petit ; depuis, il a tout négligé, tout oublié, même le signe de la croix. Il ne sait plus rien.

— « Pourquoi ne vas-tu pas au catéchisme?

— « Je n'ose pas ; les plus petits savent leur leçon ; moi je ne sais rien et j'ai honte.

— « Si je te l'apprenais, viendrais-tu me voir?

— « Oh! volontiers, car vous êtes bon et vous ne me frapperez pas.

— « Ne crains rien ; nous serons amis. Veux-tu que nous commencions tout de suite.

— « Oui, tout de suite, si vous voulez ; je suis bien content. »

L'enfant apprit d'abord à faire le signe de la croix ; ce fut la première leçon. Les paroles bienveillantes du prêtre étaient pour ses oreilles et pour son cœur une musique très douce. Il était ravi de se sentir aimé. Son âme bonne encore s'ouvrait charmée à la doctrine chrétienne si consolante. Pour lui c'était un monde nouveau, plus heureux que celui où il gagnait si péniblement son morceau de pain quotidien.

Quand il s'en alla, Garelli emportait une force nouvelle ; il avait le ciel dans son cœur avec la pensée de Dieu. Il promit de revenir au catéchisme tous les dimanches et d'amener ses camarades.

Telle est l'origine des Patronages et des Œuvres de Don Bosco. Garelli resta fidèle toute sa vie au foyer où il avait réchauffé et réjoui son âme ; il est l'heureux premier-né de la grande famille. Le dimanche suivant ils étaient neuf ; après Noël ils furent vingt, puis cinquante, puis cent. La bonté du prêtre était conquérante et triomphait de tout. Il recevait largement tout le monde, veillant dès le début à former des cadres solides et à asseoir les bases de son œuvre sur une piété intégrale.

A Saint-François-d'Assise de Turin, la petite salle du premier catéchisme n'existe plus ; elle a été remplacée par une chapelle de Saint-Bonaventure. Mais un marbre placé dans la sacristie a fixé la date glorieuse : « Ici, le jour de l'Immaculée-Conception, 8 décembre 1841, le prêtre Jean Bosco a commencé son œuvre de charité en faveur de la jeunesse. »

CHAPITRE XI

Les merveilles continuent

Le miracle du Valdocco.

Au Valdocco, « Val des Occis » ou des Martyrs, moururent glorieusement pour leur foi trois soldats de la Légion Thébaine, les saints Soluteur, Adventeur et Octave. De nos jours, le champ des Martyrs a tout à coup refleuri.

Il y a un siècle, le Valdocco, au nord de Turin jusqu'à la Doire, était un quartier sans poésie, un coin mal famé, vrai département de la misère ; le rond-point était le rendez-vous funèbre des exécutions capitales ; au hasard des terrains vagues se faisaient les rendez-vous plus tristes de la paresse, de l'ivrognerie et de la débauche. Aujourd'hui, tout a été transformé et sanctifié par la charité de Don Bosco. Mais le père a eu long et dur travail pour faire à ses enfants le beau foyer que nous admirons, pour édifier la Maison-Mère de sa famille immense et mondiale.

Pendant trois belles années, le jeune prêtre trouva

pour son oeuvre naissante à Saint-François-d'Assise une hospitalité pleine de sympathie ; les sacristains s'étaient apaisés, les professeurs se faisaient volontiers confesseurs et catéchistes. Mais en 1844, après ses cours finis, il fut nommé au Refuge, aumônier des jeunes orphelines de la marquise Barolo. Que va faire sa joyeuse bande? Que vont devenir ses deux cents enfants?

Un songe vient le rassurer : « Une nuit d'octobre, je me vis en rêve au milieu d'une troupe d'animaux divers qui faisaient grand vacarme. Je voulais fuir ; mais une dame en beau costume de bergère me fit signe de me mettre à la suite, tandis qu'elle-même passait devant. On alla ainsi par divers sentiers, et l'on fit *trois étapes ;* chaque fois le nombre augmentait, et les animaux se changeaient en agneaux paisibles. La troisième halte eut lieu dans un pré où tous se mirent à paître et à jouer en parfait accord.

« Accablé de fatigue, je voulais m'asseoir, mais la bergère m'invita à continuer la route. Bientôt nous nous trouvâmes dans une vaste cour entourée de portiques qui conduisaient à une grande église. Maintenant tous les animaux sont transformés, et leur nombre me semble incalculable. De toutes part des bergers viennent se joindre à moi, conduisant d'autres troupeaux vers d'autres bergeries.

— « Regarde au midi », me dit la Dame. Je me retourne et je vois une autre église, vaste et imposante. A l'intérieur flotte une large banderolle blanche avec cette inscription en gros caractères : « *Hic domus mea, inde gloria mea.* C'est ici ma maison, d'ici resplendira ma gloire. » Une chorale nombreuse était prête à chanter la messe, et je me dirigeai vers l'autel.

« A ce moment, la cloche de Saint-François-d'Assise sonna l'*Angelus*, et je m'éveillai. »

Les nuits étaient rudes pour le Songeur prédestiné. Mais au réveil quelle sérénité dans le regard, quelle confiance dans le sourire, et quelle force dans la volonté ! Nouveau chef venu des divins colloques, Don Bosco annonçait à son petit peuple la Terre Promise au bout des rêves, et au bout des persécutions.

Cette fois les réalités du Songe furent trois dures étapes.

Au Refuge d'abord on n'eut rien de confortable. La pauvre chambre de l'aumônier était bien étroite pour les réunions, et comme cour on avait la rue. Pour le 8 décembre, une salle inoccupée fut transformée en chapelle provisoire, et dédiée à saint François de Sales ; l'œuvre fêta gaiement son troisième anniversaire. Pour le carême on put faire le catéchisme dans la chapelle voisine de Saint-Pierre-ès-liens ; mais après un banal accident de basse-cour, la servante et le curé se fâchèrent. Puis la marquise se lassa ; les gamins faisaient trop de bruit dans la maison, ils oubliaient les consignes sévères, ils ne respectaient pas les plates-bandes ; et combien d'autres griefs !

Un dimanche de juillet, on déménagea pour la deuxième étape. Avec la permission des autorités, on occupa l'église Saint-Martin, au quartier des Moulins, et Don Bosco, toujours souriant, consola son petit monde par le légendaire « apologue des choux »:

LE PREMIER PATRONAGE

« Mes chers enfants, vous savez que les choux ont besoin d'être transplantés pour faire une belle tête. Il en est ainsi de notre Patronage ; comme les choux repiqués, il doit se développer. Notre nombre augmentera ; nous aurons des cours de chant et de musique, des classes du soir et du dimanche, puis des écoles régulières et des ateliers ; et nous célébrerons ensemble de joyeuses fêtes. Dieu veille sur nous ; gardons-lui toute notre confiance. »

Les meuniers ombrageux se fâchèrent à leur tour de tant de mouvement et de tant de bruit. Après de nombreuses réclamations, le Secrétaire rédigea un rapport chargé et méchant ; ordre fut donné au pauvre prêtre de quitter les Moulins pour le premier janvier. C'étaient les mauvais jours d'hiver ; l'épreuve fut douloureuse. Mais les cœurs étaient fervents ; d'un sanctuaire à l'autre le patronage ambulant put tenir tant bien que mal.

Enfin, à l'entrée du Valdocco, on put louer trois salles de la maison Moretta pour les réunions, puis un pré voisin pour les jeux. Mais les locataires furent bientôt fatigués par les exploits de cette turbulente jeunesse ; Don Bosco reçut son congé de la maison. Il lui restait le pré ; c'était le pré merveilleux de la troisième halte.

Il touche donc au bout de ses peines. D'ailleurs Marie a consolé son vaillant apôtre par une autre vision pleine d'espoir.

Une nuit Don Bosco s'est trouvé en songe au Rond-Point du Valdocco. Devant lui, jusqu'à la Doire le paysage est banal : quelques maisons basses et pauvres, semées au hasard, quelques carrés cultivés dans la plaine vague. C'est le « second champ des Songes ».

Tout à coup le tableau s'illumine et prend vie. Trois jeunes gens resplendissants apparaissent en bas au premier plan, et font signe au prêtre de descendre. Ils l'entourent avec respect, et l'accompagnent dans ces lieux enchantés où les merveilles succèdent aux merveilles. Les voici en présence d'une auguste Dame d'une beauté et d'une splen deur incomparables. Majestueuse comme une reine, elle est entourée d'un sénat de nobles vieillards, vénérables comme autant de rois. Une escorte éblouissante dans une lumière d'apothéose prolonge le décor jusqu'à l'infini.

Avec un sourire ineffable, la Dame invite Don Bosco à s'approcher ; puis, d'une voix très douce, elle laisse tomber sur lui de suaves encouragements : « Garde-toi d'abandonner tes enfants ; poursuis ton œuvre avec courage. De grandes difficultés t'attendent encore ; mais tu en triompheras par la confiance en Jésus et le recours à sa divine Mère. Les trois Martyrs de Turin qui t'accompagnent seront aussi tes protecteurs. »

Puis, d'un geste lent et chargé de promesses, elle lui montre à quelques pas de là une maison de maigre apparence, flanquée d'une petite chapelle. Et son sourire semble dire au prêtre inquiet du lendemain : « C'est là que tu viendras dresser ta tente définitive ; c'est là que tu trouveras un abri pour tes enfants. » Comme pour confirmer les doux espoirs, elle élève lentement la main en geste de bénédiction, et de ses lèvres augustes tombent comme une musique céleste les harmonieuses paroles de la vision précédente : « C'est ici ma maison ; d'ici resplendira ma gloire. »

Le tableau s'évanouit. Don Bosco se réveille réconforté, l'oreille pleine de divins accords. Cette scène

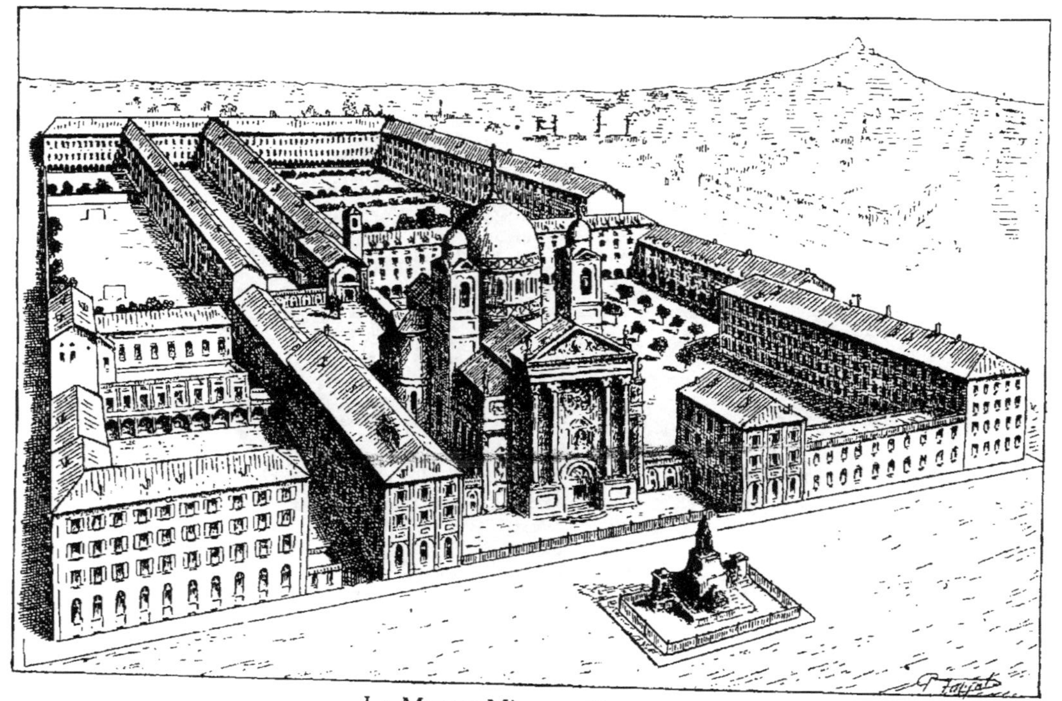

La Maison-Mère de Turin.

Le Patriarche.

merveilleuse se passait sur l'emplacement de la future basilique. La Dame occupait l'endroit où s'élève aujourd'hui le maître-autel du sanctuaire et le tableau miraculeux de la Vierge couronnée. La maison qu'elle montrait à son serviteur était la maison Pinardi qui fut le berceau de l'œuvre, à l'endroit précis où a été construite l'église Saint-François-de-Sales, puis les premiers bâtiments de l'Oratoire.

Avec le printemps, les propriétaires eurent peur pour l'herbe de leur pré ; il fallut partir. Le dimanche des Rameaux était le dernier jour accordé. Ce fut encore une journée d'angoisse et une journée de prière ; ce fut aussi la journée du miracle. Sur le soir, un voisin se présenta, timide et bégayant ; il venait offrir à Don Bosco une maison pour ses enfants ; c'était la maison du Songe, la maison Pinardi.

C'était aussi la céleste et heureuse solution.

Le père donna à tous pour le dimanche suivant rendez-vous dans la Terre Promise. Il la montrait d'un geste ému, et sa voix tremblante rappelait les belles visions : « C'est là que nous aurons notre église, nos classes, nos ateliers et de vastes cours pour nos jeux. » Les enfants regardaient émerveillés ; ils ne voyaient là à quelque cent mètres qu'une pauvre maison perdue dans les terrains vagues ; mais lui, le voyant privilégié, il contemplait dans son rêve épanoui la vaste cité de la charité, l'imposant quadrilatère de l'Oratoire Saint-François-de-Sales, qui abrite aujourd'hui près d'un millier d'enfants, tandis qu'un autre millier vient s'y récréer les jours de fête. Il admirait les vastes édifices, la basilique magnifique, la coupole majestueuse, et là-haut, dans la lumière d'or du soleil couchant le sourire maternel et le geste bénissant de la Vierge Auxiliatrice.

Le jour de Pâques 1846, Don Bosco entra dans le nouveau local du Valdocco avec cinq cents enfants.

... Et voici le magnifique épilogue du miracle. En 1846, Don Bosco occupe d'abord le hangar Pinardi qu'il transforme en chapelle, puis quelques chambres dans la maison. En 1849, il loue tout le bâtiment pour ses premiers orphelins. En 1851, il achète la propriété; il commence à construire l'église Saint-François-de-Sales et l'Oratoire. En 1863, il a élargi ses domaines; avec huit sous en caisse il commence la construction de sa grande basilique. Depuis 1867, du haut de son globe resplendissant, Marie protège l'Oratoire et l'Œuvre Salésienne du monde entier. Aux grands jours de fête, à travers le quartier pieux, tout un peuple reconnaissant acclame et porte en triomphe la blanche Dame des Songes, la douce Reine du Valdocco. La piété catholique lui a donné un autre nom qui justifie tout un passé de merveilles et tout un avenir de confiance : elle l'a appelée la Madone de Don Bosco.

EPILOGUE

Le Patriarche

Don Bosco est une des plus belles figures de nos temps, avec la double auréole du génie et de la sainteté. « Aux chefs de famille, dit saint Jean de la Croix, Dieu donne des richesses et des grandeurs en rapport avec les destinées providentielles de leur postérité. » Le saint prêtre a laissé à ses fils un splendide héritage : des exemples lumineux, des trésors de vertu et de sainteté, tout son esprit et tout son cœur. Sa famille lui est restée fidèle : dans le monde entier il est toujours le père et le chef, l'animateur et le guide de tant d'œuvres qui portent son nom.

Dans l'Église et dans l'histoire, disait Pie XI, Don Bosco est *un homme providentiel*, comblé de dons merveilleux. Dans le détail de la vie il était le plus humble, le plus simple, le dernier de tous ; dans les affaires, c'était un chef séduisant et fort, toujours calme, maître de lui-même et maître des autres. Figure complète, il avait la vigueur de l'esprit et la profondeur de la pensée, il avait le cœur très bon et la tendresse très forte. Et toutes ces qualités tendaient, non à des rêves chimériques, mais à une activité débordante, toujours mesurée et toujours féconde.

Don Bosco est *un homme de doctrine.* Son intelligence lumineuse et solide eût pu faire de lui un penseur et un savant. Pour rester dans sa vocation, avouait-il, il dut résister à la séduction des hautes études, à la passion des livres, au goût des batailles d'idées et des recherches scientifiques. Il aima par dessus tout ses catéchismes à ses petits enfants. Mais il avait une doctrine personnelle toujours sûre, où l'on trouvait la bonté de saint François de Sales et la simplicité de saint Vincent de Paul ; il avait une mystique profonde, une méthode d'éducation admirable : selon la promesse du ciel, la Dame des Songes avait été pour lui une « maîtresse très sage ». Il était le conseiller des papes et des rois ; il était confesseur et directeur de conscience éclairé ; prédicateur et écrivain bien goûté. Pour la lutte contre le mal, il avait compris la force de la Presse ; en montrant un jour au futur pape Pie XI une nouvelle machine dans son imprimerie de Turin, il eut cette phrase superbe : « Ici, Don Bosco veut être à l'avant-garde du progrès. »

Don Bosco est *un homme de volonté ;* là encore il est un maître incomparable. Aux exemples héroïques de sa vie, il nous apprend à vouloir. Il nous apprend, non à vouloir l'impossible pour excuser notre paresse, non à placer le devoir trop haut pour nous dispenser de l'effort — et que d'énergies se perdent ainsi ! — mais à vouloir pleinement tout ce que l'on peut, avec l'aide d'En-Haut. Il nous apprend à ne pas douter, ni de Dieu, ni de nous-mêmes ; à ne pas hésiter dès l'appel du devoir. Devant ses œuvres gigantesques, Don Bosco n'a jamais reculé ; et d'abord, et longtemps il fut seul. On le traitait de fou et d'entêté ; pour lui il poursuivait son rêve intérieur, sa vocation, fort de son amour, fort avec Dieu, fort contre tous.

Don Bosco est *un homme d'action*. Il a le génie pratique et réalisateur ; on l'a appelé un « brasseur d'affaires du bon Dieu, habile et débrouillard. » Pour son œuvre immense il n'a pas plaint sa peine ; il a donné de la tête et du cœur, de toute sa personne, sans ménagement. Il sait franchir ou tourner l'obstacle, s'adapter, attendre l'occasion, ou la saisir au vol. « Que rien ne vous trouble, répétait-il en son langage pittoresque ; il faut laisser mûrir les nèfles et chanter les passereaux ; avec le temps les difficultés s'aplanissent. » Le ciel le favorise, et il réussit. Il a l'à-propos en tout, même en ses miracles. Une dame riche vient lui demander avec instances quelques lignes écrites de sa main ; il lui présente en souriant un « reçu de deux mille francs » pour ses œuvres. A Rome, au nom de Notre-Dame Auxiliatrice, il guérit le cardinal Antonelli d'un violent accès de goutte, et l'envoie voter l'approbation de sa Société.

Avec cela, quelle activité ! et quelle résistance à la fatigue ! Il travaillait du matin au soir, et souvent du soir au matin. Jusqu'à cinquante ans il n'a dormi que cinq heures par nuit, et il a veillé une nuit par semaine. A-t-il jamais pensé à se reposer ? Si on lui en parle, il répond par une boutade : « Don Bosco se reposera quand il sera là-haut, quelques kilomètres au-dessus de la lune. » Sa charité soutient son âme inlassable : « Que le démon cesse de tromper les enfants et de les attirer en enfer, alors je cesserai de me sacrifier pour eux. »

Mais surtout Don Bosco est *un homme de prière*, un homme de Dieu ; tout son secret est là. L'abondance des dons naturels, les merveilles qui encadrent son existence, ses fruits d'apostolat dans les âmes, tout a son explication dans sa vie intérieure très intense, et dans son union à Dieu. Du côté du ciel il a des aperçus sublimes ; dans les affaires de ce monde il résout tous les problèmes ; au fond des consciences il éclaircit tous les mystères. Sa foi robuste, sa charité ardente, son dévouement total aux âmes, le transforment en ami privilégié du ciel, et sous ses pas une floraison continuelle de miracles vient récompenser sa vertu. Tout cela fut le résultat heureux de son activité et de son zèle, de son travail et de sa prière. « Le travail est une prière », c'est le cachet de la vie de Don Bosco, c'est la leçon suprême laissée à ses disciples.

Il a été le bon ouvrier de Dieu.

C'est la note que nous révèle *son portrait des derniers jours*. On ne se lasse pas de l'admirer : il est incomparablement beau ; mieux que tout autre il rappelle la grande épopée vécue.

La physionomie est toute en bonté. Les traits n'ont rien de heurté malgré les ans ; ils respirent la confiance et la paix. La courbe harmonieuse du sourire marque une sérénité totale, un calme profond.

Le front est large ; il abrite des pensers féconds et des vouloirs tenaces. Il porte le pli grave de l'effort, le stigmate glorieux de la lutte ; les épaules courbées indiquent le poids du labeur dans la longue et rude journée. Comme saint Vincent de Paul, il a le nez fort, le menton bien marqué et énergique.

L'œil est resté clair et pur comme son âme, lumineux comme le ciel de sa patrie, comme le ciel de ses visions. Au dedans la vie a gardé sa flamme et ses reflets mystiques : il vous pénètre, il semble encore lire dans votre conscience comme autrefois.

La lèvre est fine, prête à l'ironie ; elle va s'ouvrir pour un bon sourire ou pour une de ces paroles magiques dont les notes lentes et chantantes résonnent jusqu'au fond du cœur.

Les mains se reposent : elles ont tant travaillé, tant semé, tant écrit, tant béni ! Elles sont jointes pour la prière intérieure ; mais elles sont libres, et peuvent encore se détendre pour le travail, cette autre prière.

La barrette sacerdotale laisse deviner une chevelure noire, forte et négligée. L'homme de Dieu est tout entier aux choses du ciel ; il est prêtre avant tout.

Don Bosco est prêtre ; c'est une belle figure sacerdotale. Don Bosco est père ; on dirait un patriarche au repos sur son trône familial.

Quand il eut pour ses enfants, semé partout ses œuvres bienfaisantes, dépensé toutes ses énergies et toute sa flamme, achevé sa rude tâche selon le plan de Dieu, chargé d'ans et de bénédictions, Don Bosco entra dans son repos au séjour de l'éternelle jeunesse.

Il mourut pieusement dans son humble cellule de Turin, le 31 janvier 1888. Sa dernière parole, sa pensée suprême fut encore pour les chères petites âmes auxquelles il avait voué toute sa vie : « Dites à mes enfants que je les attends tous en Paradis. »

Fidèle à sa vocation, Don Bosco aima ses enfants « jusqu'à la fin ».

Après quarante et un ans de sommeil parmi ses fils de Valsalice, l'Église est venue le tirer de son tombeau pour le hisser dans la gloire du Bernin, le 2 juin 1929, aux applaudissements du monde entier.

Les triomphes de Rome se complétèrent par *l'apothéose de Turin.* Dans un cortège sans fin, bercé par l'enthousiasme délirant de tout un peuple, Don Bosco est revenu chez lui. Dans la grande basilique élevée autrefois à coups de sacrifices et à coups de miracles, la Madone de Valdocco a accueilli son bon serviteur. C'est là qu'il repose ; c'est là qu'il continue à régner en rappelant à ses fils les éternelles et toujours nouvelles consignes de la charité conquérante.

Don Bosco revient au Valdocco, le 9 juin 1929.

La Chasse du Bienheureux Don Bosco.

TABLE DES MATIÈRES

A LA MÊME LIBRAIRIE.

Un grand Éducateur : **Le Bienheureux Don Bosco**, par A. AUFFRAY, directeur du *Bulletin Salésien.* In-8° carré, de XXIV-560 pages, un portrait.

La Pédagogie d'un Saint, par *le même auteur.* In-8° couronne de 188 pages.

Un modèle de mère chrétienne, Marguerite Bosco, *par le même.* In-8° tellière, en *préparation.*

Le Bienheureux Don Bosco, par H. FAURE, N° 39 de la *Petite bibliothèque édifiante.* Collection d'élégantes brochures in-8° de 32 pages, dont voici quelques titres :

Jean Gerson. — Frédéric Ozanam. — Saint Louis de Gonzague. — Saint François Régis. — Le Cardinal Lavigerie. — Le Saint Curé d'Ars. — Sainte Félicité, sainte Perpétue et leurs compagnons, martyrs. — Saint Augustin. — Les saints Martyrs de Lyon. — Le bienheureux Eymard. — Saint Bruno. — Les Martyrs d'Aubenas.

Vie nouvelle du Vénérable P. Chevrier, *d'après ses écrits et le procès de sa béatification*, par le chanoine C. CHAMBOST, Vice-Postulateur de la Cause du Serviteur de Dieu. Ouvrage couronné par l'Académie Française. In-8° de XII-620 pp. avec plusieurs gravures.

Quelques ouvrages du chanoine Francis TROCHU, *docteur ès lettres :*

I. **Le Curé d'Ars, Saint J.-M.-B. Vianney** (1786-1859), *d'après toutes les pièces du Procès de Canonisation et de nombreux documents inédits.* Ouvrage couronné par l'Académie Française, in-8° écu de XVIII-704 pages, 2 autographes du saint, 21 gravures, 1 carte.

II. *Un Martyr français au* XIXe *siècle :* **Le Bienheureux Théophane Vénard** (1829-1861) des Missions Etrangères de Paris. In-8° écu de XVI-540 pages, 38 gravures, 2 autographes, 6 cartes géographiques.

III. *La « petite sainte » du Curé d'Ars :* **Sainte Philomène, vierge et martyre.** In-8° illustré, avec un autographe du Saint Curé d'Ars.

IV. **Pérégrinations.** — *Paray.* — *Le Laus.* — *La Salette.* — *Fourvière.* — *Ars.* In-8° carré de 200 pages, nombreuses illustrations hors texte.

Jésus de Nazareth. *L'histoire de sa vie racontée aux enfants,* par la Vénérée Mère Marie LOYOLA. In-8° de XIV-376 pp. ornées de 46 reproductions hors texte de tableaux célèbres. Couverture illustrée.

Saint Louis de Gonzague. L'Ange de la jeunesse, sa vie racontée aux enfants, par F.-M. D'ARIA, S. J., élégante plaquette de 80 pages, 20 illustrations hors texte, 21 bandeaux artistiques originaux, couverture illustrée.

La vie de Guy de Fontgalland racontée en quelques lignes par Francis JAMMES. Gracieux opuscule in-16 raisin en deux couleurs, orné de deux portraits hors texte.

La Mission d'un enfant, par le R. P. Henry PERROY, *S. J.*, préface de René BAZIN. In-8 écu de 240 pages, 16 planches hors texte.

Votre ami Guy, *par le même auteur.* Un volume in-8° couronne de 148 pages, orné d'un portrait hors texte et de 14 dessins. *Adaptation pour les tout petits du précédent ouvrage.*

La personnalité surnaturelle d'un jeune garçon : Guy de Fontgalland, par E. DÉVAUD, Professeur à *l'Université de Fribourg.* In-8° couronne de 104 pages, couverture ornée d'un portrait en couleurs.

Une Ame de Petit Séminariste : Jean Houi (1913-1925) par l'abbé E. LEMASSON. Un volume in-8, papier fort, portrait hors texte.

Marie-Ange, par P. FLEURY-DIVES. Plaquette illustrée.
Délicieuse et bienfaisante histoire d'une angélique enfant morte à 6 ans et demi.

Fleurs cueillies le long du chemin, par P. FLEURY-DIVES. In-8° couronne de 240 pages.
Recueil d'anecdotes d'une haute portée morale et d'un charme émouvant.

Sources fraîches, par MYRIAM DE G. In-8° raisin de 109 pages. Préface de Mgr LAVALLÉE, Recteur des Facultés catholiques de Lyon.

« ... Pages délicates de fine observation qui, sous leur grâce attendrie, renferment des leçons de beauté spiritualiste », écrit Georges Goyau.

Demandez le Catalogue des Éditions Emmanuel VITTE, 3, place Bellecour, Lyon

LYON. — Imp. E. VITTE, 18, rue de la Quarantaine. — 7164.
Imprimé en France.

SOCIÉTÉ · DE · SAINT · FRANÇOIS · DE · SALES
DA · MIHI
TOLLE
ANIMAS · CAETERA

www.ingramcontent.com/pod-product-compliance
Ingram Content Group UK Ltd.
Pitfield, Milton Keynes, MK11 3LW, UK
UKHW022016170726
13837UKWH00001B/214